Desconocidas

50 mujeres de la Biblia

Alice Bianchi

Desconocidas

50 mujeres de la Biblia

Paulinas

Las citas bíblicas están tomadas de La Santa Biblia de la editorial San Pablo, 2025

© San Pablo 2025

Título original: *Sconosciute. 50 donne della Bibbia*

Traducido por: María Jesús García González.

Diseño de cubierta y maquetación: Alba Cosío Velasco.

© Alice Bianchi

© PAULINAS 2025
Carril del Conde, 62 - 28043 Madrid
Tel.: 91 721 89 84 - Fax: 91 759 02 04
E-mail: editorial@paulinas.es
www.paulinas.es

PAOLINE Editoriale Libri
© FIGLIE DI SAN PAOLO, 2024

ISBN: 978-84-19408-58-7
Depósito Legal: M-16721-2025

Impreso por Gar.Vi. 28970 Humanes (Madrid)
Printed in Spain. Impreso en España

A mi abuela Lena y
a quien lee dos veces

«Porque todo principio
no es más que una continuación
y el libro de los acontecimientos
se encuentra siempre abierto a la mitad»

(Wisława Szymborska)

Desconocidas, pero ¿cuáles?

Una desconocida es, por lo general, una persona sin nombre, un rostro entre muchos, alguien que no sabemos realmente quién es. Puede que se trate de una personalidad importante, pero, sea cual sea la ocasión en que nos encontremos con ella, nos resultará natural dejarla al fondo de nuestro campo visual, como si fuese un simple personaje secundario. Como mucho puede que tengamos la sensación de un *déjà-vu*... Quizá nos la hayamos cruzado en algún sitio, pero quién sabe dónde. En la Escritura hay muchas mujeres con este perfil: una mujer de Técoa que habla con el rey David, la anónima esposa del levita del libro de los Jueces, una mujer sirofenicia entre las muchas que Jesús conoció... Son todas figuras sin nombre, que aparecen y desaparecen enseguida. Para conocerlas habría que tratar de fijar la mirada sobre ellas antes de que desaparezcan de la escena. Prestarles atención, crear las condiciones para conocerlas.

Sin embargo, una persona puede seguir siendo una desconocida a pesar de estas atenciones. Puede que hayamos conocido a una mujer, que hayamos sabido su nombre, su función, sus orígenes, y puede que incluso estemos convencidos de que sabríamos reconocerla si nos la encontrásemos por la calle... y entonces, un día, descubrimos algo sobre ella que arroja una nueva luz sobre todo eso que ya sabíamos de ella. De pronto nos damos cuenta de hasta qué punto era una desconocida. Puede que nos percatemos de que durante todo ese tiempo la hemos confundido con alguna otra que se le parecía. Es lo que suele suceder con las figuras bíblicas de María Magdalena y María de Betania, que parecen ser muy conocidas pero que muchas veces se sobreponen en la narrativa popular, o con las diferentes figuras que se condensan en María de Nazaret, desde Eva hasta la mujer del Apocalipsis.

Las mujeres de la Escritura son *desconocidas* en muchos sentidos, incluyendo el de haber acabado, sencillamente, en nuestro olvido personal. Este texto nace para hacerlas de nuevo visibles, y lo cierto es que tan solo recoge unas representaciones: 50. Pero es verdad que no se trata de retratos detallados, sino más bien de bocetos, poco más que un conjunto de líneas y manchas de color, un intento de bosquejo en un recibo de la compra, en una servilleta de papel, o en cualquier otro material de uso cotidiano. En unas pocas líneas se cuentan historias a las que sería necesario dedicar varios tomos para poder estudiarlas, y otras experimentadas plumas han escrito ya valiosas obras sobre ellas. Es gracias a muchos libros de biblistas y exégetas (algunos de los cuales mencionamos en la bibliografía final) que también estas páginas, en su humildad, se puede afirmar que tienen una base científica por haber sido contrastadas con los textos hebreos y griegos y ser relevantes en su contexto. Convendrá que quien quiera profundizar sobre estos temas se remita a esos textos.

Pero estos retratos han sido pensados más bien para dibujantes distraídos: para quienes, mientras escuchan la lectura de ciertas páginas de la Biblia, completan a grandes rasgos el relato con los recuerdos que tienen, y para quienes, al visitar un museo, identifican a un personaje bíblico en un cuadro, pero que ante el cuadro siguiente les surgen dudas. Para quienes, a veces, vuelven a leer un pasaje bíblico «por casualidad», sin la intención declarada de encontrar algo que no habían encontrado al principio, y que, precisamente por este acercamiento fortuito, se asombran, quizá, de los vínculos entre los protagonistas, de las asociaciones entre los personajes y de las similitudes que tienen entre ellos.

Presentamos, pues, a continuación 50 retratos de mujeres, pero no exactamente 50 mujeres. Porque en algunos cuadros aparecen dos o tres personajes femeninos que no pueden separarse unos de otros (Sifra y Fuá, las tres miróforas, María y Rode…) y al final se cuentan más de 60 mujeres. Hay muchas más que se han quedado entre líneas (como las innumerables «mujeres y niños» que presencian la multiplicación de los panes y los peces) e incluso faltan algunas como: Sara, Lía y Raquel, Dina, la madre de los Macabeos, Susana, Sara la de Tobías, Juldá, Acsá, Isabel, la mujer adúltera, Damaris… Si hacemos la lista completa de las mujeres ausentes podríamos contar otras 50, y entre los nombres que acabamos de mencionar habrá, también, algunas que nos resulten más familiares y otras que nos serán casi desconocidas.

Pero en este caso tampoco nos guía un deseo de exhaustividad, al contrario, tenemos la firme sensación de que la completitud no es posible: por mucho que pudiéramos alargar el relato, siempre habría otras mujeres que narrar. No es que sea imposible, si queremos, hacer un registro de todas las figuras femeninas que se mencionan en la Biblia, sino que, si contemplamos la Escritura como el relato testimonial que es (relato que un pueblo narra a otro pueblo, que una comunidad narra a otras comunidades), es evidente que tenemos entre las manos materia viva, en la que cada historia permite vislumbrar muchas otras (no escritas) en las que se entrelazan voces y vidas, incluidas las nuestras.

Por eso cada retrato debe salir de los márgenes del folio, porque recoge reminiscencias anteriores, recuerdos antiguos, o narraciones sucesivas mezcladas con diferentes culturas y devociones. Toda mujer es también muchas mujeres juntas. Y hojear este libro puede ser una manera de recordarlo, entrenando nuestra mirada en las historias de las mujeres, es decir, de *todas* las mujeres, también de las que quedan fuera del relato bíblico, aquellas mujeres conocidas en las que a veces pensamos al leer sobre Dalila o Lidia, Tamar o Priscila, y aquellas desconocidas, precisamente, que quizá conozcamos algún día.

*Este libro recoge, adaptados y complementados, gran parte de los artículos publicados entre 2021 y 2022 bajo el título «La Bibbia racconta» («La Biblia cuenta»), del semanario diocesano de Brescia *La Voce del Popolo*. Mi sincero agradecimiento al director, Luciano Zanardini, por haberme dado la ocasión de estudiar de nuevo, de narrar de nuevo, y hoy de ofrecer de nuevo, las historias de muchas mujeres bíblicas.

Ada, Sila y Naamá

Maldiciones y bendiciones

(Gen 4)

Historia del principio de la humanidad. En la Escritura, el primer nombre de mujer que se pronuncia es Eva, la madre de los vivientes. Pero, en segundo lugar, citadas en unos pocos versículos en el capítulo 4 del Génesis, hay otros tres nombres femeninos que tienen mucho que ver con la descendencia de Caín. A Caín, el fratricida por excelencia, después de haber asesinado a Abel no se le prohibió tener hijos como todo el mundo. Fue alejado del lugar de la tragedia, sí, pero el Señor le aseguró que no renegaría de él, e incluso le prometió que le protegería: «Si alguien mata a Caín, lo pagará siete veces».

Pero después la historia de Caín se desvanece: Adán y Eva tienen un tercer hijo, Set, de cuya estirpe nacerá Noé, y la atención de todos se fija sobre esta nueva rama de la familia. De modo que la breve pero detallada genealogía de Caín pasa casi desapercibida: Henoc, Irad, Mejuyael, Metusael, Lamec, cinco generaciones de varones.

Y en este punto, **inesperadamente**, se incluyen también en la lista dos mujeres: Ada y Sila, mujeres del último bisnieto, Lamec. Ada da a luz, a su vez, a otros dos varones: uno será «el antepasado de los que habitan en tiendas y crían ganado», y el otro «el antepasado de los que tocan la cítara y la flauta». De entre ellos surge el pastoreo y la música. De Sila, en cambio, nacen el primer forjador, precursor de los artesanos, y una mujer llamada Naamá. De ella no se dice nada más pero, si Ada y Sila son madres de la cultura, podemos afirmar que Naamá es hija y hermana del progreso. La mención de estas tres mujeres quita fuerza a la insinuación de que lo femenino es puramente creación, conservación y cuidado y que no tiene nada que ver con el desarrollo de la **historia**, con la innovación, con el cambio. Aquí, más bien, Ada, Sila y Naamá aparecen inscritas en las parábolas del poder y de la creatividad que toda genealogía evoca. Contribuyen al desarrollo de la cultura, e incluso la producen.

Sin embargo, la pertenencia a la familia de Caín las hace también testigos y generadoras de violencia gratuita. No en vano Lamec las convoca precisamente para hacer esta proclamación: «Ada y Sila, escuchadme […] Caín será vengado siete veces; Lamec lo será setenta y siete». Lamec anuncia así a ambas la futura propagación de la violencia. La violencia no deja ilesas a las mujeres, las hace partícipes de ella, bien como víctimas, bien como protagonistas, o bien como espectadoras de macabros triunfos y bravatas, como es el caso de Ada y Sila mientras escuchan a su marido. Naamá es también hija de esta sed de sangre: toda la humanidad tiene un pasado y un presente de venganza.

Todas las mujeres tienen antepasadas víctimas o espectadoras de violencia, cuando no cómplices. Pero, gracias a Dios, la familia de Caín no es únicamente portadora de la marca de la violencia gratuita: sobre ella descansa el sello de la protección del Señor como sobre la frente del asesino de Abel. Junto a la maldición autoinfligida, Dios ha colocado una bendición sobre todo lo que el ser humano, hombre y *mujer,* sabe hacer y aprender.

Agar

A la distancia de un tiro de arco

(Gen 16 y 21)

¿Cómo comienza la historia de un pueblo? La Escritura responde a esta pregunta siempre con un extremado realismo: la historia de un pueblo comienza con historias pequeñas de personajes individuales, entrelazadas entre sí de manera compleja.

De acuerdo con una importante tradición, el pueblo árabe tiene su origen en la historia de Agar, una joven egipcia esclava de Sara, la mujer de Abrahán. Sara es estéril, y, respetando la costumbre, anima a su marido a unirse con su sierva para asegurarle así descendencia. Agar se queda enseguida embarazada y esto hace que se sienta importante: empieza a mostrar desprecio por su señora, que, claro está, se ofende y, para desquitarse, la trata tan mal que la obliga a huir al desierto. Allí Agar es visitada por el ángel del Señor, que la invita a regresar junto a su señora, y le asegura el futuro de su linaje: «Multiplicaré tanto tu descendencia que no se la podrá contar». Y así, con la misma promesa que recibió el patriarca Abrahán, esta joven egipcia, que no es más que una esclava, regresa a la tienda de Sara. Da a luz a Ismael, y él participa también de la vida de la familia durante trece largos años, sobre los cuales la Escritura no dice nada.

Poco después Sara y Abrahán reciben la visita del Señor y, aunque eran ancianos, conciben a Isaac, hijo de la promesa. Isaac es muy pequeño, Ismael ya es un muchacho. Sara los ve jugar juntos, se pone celosa y convence a su marido para que expulse a la esclava y a su hijo. De este modo, a Agar, madre de un hijo de otros, se le devuelve su hijo: la peor humillación. Con las primeras luces del alba, Abrahán le da pan y agua para un viaje hacia la nada, y envía a Ismael al desierto.

Enseguida se pierden, agotan sus reservas de agua, se sienten desfallecer. En su desesperación, Agar lleva a su hijo bajo un matorral y va a sentarse «a la distancia de un tiro de arco», con la mirada dirigida hacia él, como para vigilarlo, pero lo bastante lejos como para no verlo morir. «A la distancia de un tiro de arco», porque toda esta historia es una cuestión de distancia. Agar no era de la familia de Abrahán, pero, al ser su esclava, estaba lo bastante cerca como para serlo. En su angustia aleja a su hijo, pero no tanto como para perderlo de vista. Está en el desierto, lejos de Abrahán y Sara, que podrían socorrerla en un último acto de piedad, pero nunca lo bastante lejos de Dios.

> Quien más lejos está puede resultar ser el más cercano, y viceversa.

Porque el Señor escucha la voz de Ismael y habla a Agar: «No temas». Le dice que se ponga en pie, que recorra la distancia que la separa de su hijo, que le tome de la mano. Así Ismael crecerá en el desierto y se convertirá, no por casualidad, en un arquero, capaz de cubrir fácilmente las distancias y al mismo tiempo de mantenerlas. A lo largo de su vida su madre supo por propia experiencia que quien más lejos está puede resultar ser el más cercano, y viceversa. También los hijos de Abrahán están a una distancia de «un tiro de arco» uno del otro.

Tamar, nuera de Judá

Todo por el futuro

(Gen 38)

«Genealogía de Jesucristo», comienza el Evangelio de Mateo (1,1). Sigue a continuación una larga lista de nombres de antepasados entre los que, inesperadamente, hay cuatro mujeres. La primera mujer que se menciona, Tamar, aparece después de tres hombres muy conocidos: Abrahán, Isaac y Jacob. Jacob tiene doce hijos, y uno de ellos es Judá, que trata concienzudamente de procurar la descendencia de los padres: se casa, tiene tres hijos y busca una mujer, Tamar, para su primogénito. Judá y Tamar son, pues, suegro y nuera, y hasta aquí todo va bien.

Solo que los dos se encuentran enseguida compartiendo luto: el marido de Tamar muere, y ella queda viuda antes de haber tenido hijos. Según la ley de Israel, la joven debe ser dada enseguida como esposa al hermano del difunto, para garantizar su linaje. Hay una pequeña cláusula: sus hijos se considerarán hijos del primogénito. Es una condición demasiado humillante para el hijo menor de Judá, así que cada vez que mantiene relaciones con Tamar deja caer su semen por tierra. No quiere ser el suplente de su hermano muerto, y toma una decisión que afecta a todos: no habrá futuro.

Un día también muere él, y Judá se encuentra con que debe dar a Tamar como esposa a su tercer hijo, según la ley. Ha enterrado ya a dos hijos, y empieza a preguntarse si no será culpa de Tamar, precisamente. Entonces, con la excusa de que su último heredero es demasiado joven, devuelve a Tamar a su familia de origen «hasta que se haga mayor». El joven se hace mayor, pero ella es olvidada.

Tiempo después, Judá hace un viaje y Tamar se entera de que el lugar al que se dirige no está lejos de donde está ella. Es una buena oportunidad. Se cubre el rostro para no ser reconocida y se pone al borde del camino; Judá la toma por una prostituta y solicita su servicio. Le promete pagarla en otro momento dándole un cabrito, y ella le dice que le entregue, como garantía, su sello, su cordón y su bastón. Y así es: Judá le da lo que le pide y se acuesta con ella. Unos días después envía al cabrero a saldar su deuda, pero el cabrero regresa a su lado con la respuesta que le han dado los habitantes del lugar: «Que ahí no ha habido nunca una prostituta».

Unos meses después llega a oídos de Judá que Tamar se ha prostituido y que está encinta. Es un escándalo: sin dudar, la condena a muerte. Pero entonces recibe de su nuera sus objetos: el sello, el cordón y el bastón, y se da cuenta de lo que ha ocurrido. Mientras él encerraba a toda la familia en un luto perpetuo, ella se esforzaba por permitir que la vida continuara. Por tener un hijo haría cualquier cosa. Pero no con la angustia de estar fracasando en la vida o en la naturaleza, como les ocurre a veces a algunas mujeres, abrumadas por las expectativas sociales que les exigen ser madres o, en caso contrario, las hacen sentir que no valen nada.

A Tamar le preocupa más bien la justicia: alguien, los hombres, le han arrebatado el futuro, y ella lo reivindica. «Ella es más justa que yo», admite Judá. Por otra parte, el futuro es cuestión de justicia. Y esta herencia de Tamar fluye hasta las venas de Jesús.

Sifrá y Fuá

El poder de quien no tiene poder

(Ex 1)

El libro del Éxodo comienza con un pequeño tratado de política egipcia. Al final del Génesis, Egipto estaba gobernado por un faraón que miraba con buenos ojos al pueblo de Israel, porque había conocido al hebreo José y estaba en deuda con él. (José era el que había soñado con las vacas flacas y las vacas gordas y había salvado a Egipto de la carestía). Pasaron los años, cambiaron las circunstancias y surgió en Egipto un rey que no tenía ninguna deuda de gratitud con Israel, y que incluso estaba preocupado porque estos hebreos se estaban haciendo demasiado numerosos, podían rebelarse y formular exigencias. Empezó a cargarlos con trabajos forzados cada vez más penosos, hasta reducirlos a una auténtica esclavitud. Pero su número parecía seguir aumentando, así que el faraón llamó a dos parteras, Sifrá y Fuá, y les dio una orden muy concreta: «Cuando asistáis en un parto a las hebreas, mirad el sexo; si es niño, matadlo; si es niña, dejadla **vivir**». Pero fue inútil: las parteras le desobedecieron.

En poco tiempo se hizo evidente que aquel plan no estaba funcionando. El rey convocó a las dos parteras y las acusó directamente: «¿Por qué habéis obrado así y habéis dejado vivir a los niños?». Ellas contestaron que no era culpa suya: «Las mujeres hebreas no son como las egipcias; son robustas, y antes de que la partera llegue, ya han dado a luz».

Esta respuesta condensa el sentido de la justicia y de la astucia. Sentido de la justicia porque pone el foco en las mujeres hebreas. Porque el faraón solo tiene en mente el recuento de niños nacidos y muertos, mientras Sifrá y Fuá saben perfectamente que hay involucradas mujeres jóvenes, con rasgos propios que el faraón no conoce ni tiene en cuenta. Y es a ellas, a las mujeres, a las que una partera debe rendir cuentas, no al rey. Además, aquí está la **astucia**: las parteras atribuyen a las hebreas una «fuerza» que parece casi prisa, como si dijeran que las mujeres de Israel no tienen tiempo que perder, a diferencia de las egipcias. Son grandes trabajadoras, como sus maridos, padres e hijos… ¿No era el mismo faraón quien deseaba que los hebreos fueran listos y ágiles? Pues bien ¡ha conseguido de sus mujeres esta celeridad!

Así pues, mintiendo directamente a los poderosos de turno, Sifrá y Fuá afirman que no pueden hacer nada. Ser subestimado en su insignificancia es la fuerza de quien es un «don nadie», una «doña nadie». Las parteras adulan al rey para conservar esa invisibilidad que les permite actuar en favor del bien sin ser molestadas. Lo suyo no es humildad: es el ingenio de quien debe arreglárselas en condiciones adversas, es la única arma que tienen.

El faraón no comprende, da orden de arrojar al río a los varones y dejar vivir a las niñas. Porque las mujeres son inocuas, impotentes, invisibles. ¿Acaso podrían atentar contra su autoridad? En este enorme ángulo muerto del poder más obtuso, Dios otorga Sifrá y a Puá una descendencia.

María

El contrapunto

(Miq 6; Ex 15; Num 12; Dt 24)

María o Miriam, la profetisa, enviada por Dios ante su pueblo junto a sus hermanos Moisés y Aarón. Con ellos vive las dificultades de la salida de Egipto, y con ellos atraviesa el mar Rojo. Ella ve también cómo las impetuosas aguas caen sobre los egipcios, dejando a salvo a los israelitas. Es el momento en el que Moisés entona un largo canto de alabanza al Señor, recordando en él las hazañas a favor de Israel. Entonces María coge entre sus manos un tamboril y, bailando junto a las mujeres del pueblo, hace de contrapunto a la melodía de su hermano: «Cantad al Señor, que se cubrió de gloria: ¡Caballo y caballero precipitó en el mar!».

Ella es siempre el contrapunto. Su voz tiene la misma autoridad que la de Moisés –él es la norma, ella la profecía– y no es raro que se encuentren en tensión.

Es lo que ocurre cuando el hermano decide casarse y luego alejarse de su mujer Séfora, que es extranjera, de nacionalidad etíope. No se dice nada sobre su repudio, tan solo que en un determinado momento la envía de vuelta a su padre (cf Ex 18,2). Pero la discusión acerca del matrimonio de Moisés llega también a la familia, y María y Aarón se encuentran reivindicando ante Moisés su propia autoridad. No sabemos quién apoya qué, pero la cuestión es la siguiente: no solo y no todo lo que hace Moisés debe convertirse en norma para todos. Hay *otra* palabra, una palabra *diferente,* que no puede ser censurada.

Y es entonces cuando interviene Dios. Convoca a Aarón y a María y les reprende por haberse opuesto a Moisés con tanta fuerza. La profecía de Moisés no es una profecía común: él disfruta de una intimidad especial con Dios, y Dios les dice Aaron y a María que es «en toda mi casa el hombre de confianza». Finalizado el discurso, el Señor se retira y, como señal de su cólera, hace que María quede cubierta de úlceras de lepra. Curiosamente, a Aarón parece que no le ocurre nada.

> Hay una palabra *diferente,* que no puede ser censurada.

Pero, en realidad, toda la familia se ve afectada por la enfermedad. Tanto Aarón como Moisés se sorprenden por la inesperada situación de su hermana, a quien no quieren abandonar. Aarón le dice a Moisés con preocupación: «¡Por favor […]! No cargues sobre nosotros el peso del pecado que neciamente hemos cometido», y Moisés no duda ni un instante en dirigirse a su vez a Dios: «Cúrala, oh, Dios, ¡por favor!». El Señor establece que María pasará fuera del campamento siete días, los necesarios para la purificación. Todo el pueblo espera, así, su curación: la discusión entre los hermanos pone en jaque a todo Israel.

Pasada la semana de aislamiento, María regresa a la comunidad y el pueblo reemprende el camino. Podría haber sido exiliada, o podría habérsele arrebatado el don de la profecía. Pero Moisés debe reincorporar de algún modo el contrapunto de su hermana, que sigue caminando con él. Su palabra *diferente* no ha sido silenciada ni aniquilada. Simplemente, sigue siendo *diferente*. Porque la profecía de María se mueve en el límite, e incluso cuando lo supera (cuando es excluida de la comunidad) es la comunidad la que se detiene, y se ve obligada a afrontar lo que ha sucedido para poder luego todos reemprender el camino juntos. La profecía como contrapunto: por eso María es una figura poderosa.

Rajab

Asomarse a la ventana

(Jos 2 y 6)

Para una mujer, asomarse a la ventana ha sido desde siempre una mala idea. En Francia, a finales del siglo XIX, se decía que una joven en el alféizar que «tenía la ventana» atraía a los transeúntes. Y, si nos remontamos más en la historia, también los pueblos de la Antigüedad interpretaban fácilmente esa actitud como una insinuación de una mujer de dudosas costumbres. Pero es muy cómodo juzgar, mirando desde abajo hacia arriba, desde la calle, a quien se asoma. En este relato del Antiguo Testamento, quien lee está obligado, muy a su pesar, a cambiar el punto de vista y, durante un instante, a «asomarse a la ventana». Es la historia de una prostituta que también se menciona en el Evangelio de Mateo, incluyéndola, sin ningún reparo, entre los antepasados de Jesús: Rajab, madre de Booz.

Su historia se remonta a los tiempos en los que el pueblo de Israel está en los umbrales de la Tierra prometida. Moisés acaba de morir y Josué es el líder del pueblo: es él quien entra en la Tierra e inicia la conquista. Cuando Israel llega cerca de Jericó, Josué envía a dos hombres a explorar la zona. Entran en la ciudad y escogen enseguida la casa de una prostituta como base: el vecindario debe estar acostumbrado a ver un cierto vaivén por allí, y no les prestarán atención. Pero el rey de Jericó se entera de que los dos huéspedes de Rajab no son clientes cualesquiera. Ordena a Rajab que los obligue a salir, explicándole que son enemigos. En respuesta, ella los esconde en la azotea y luego baja a hablar con los mensajeros del rey: les dice que no sabe de dónde han llegado esos dos hombres y que de todos modos ya se han ido. Les indica incluso una dirección y les aconseja que vayan tras ellos, que no habrán llegado aún muy lejos. Mientras ellos buscaban en vano, Rajab se reúne con sus huéspedes en el piso de arriba. Y les dice: «Yo sé que el Señor os ha dado esta tierra».

Esta prostituta es, por tanto, más perspicaz de lo que parecía: no ha confundido a los dos hombres ni con clientes ni con mercenarios, sino que ha reconocido que su Dios es el Señor. Para ella, asomarse a la ventana ha significado también poder ver un poco más allá.

Pero esto no le ha quitado el miedo. En Jericó todos, ella incluida, temen a los israelitas (¡no hay más que ver el final que han sufrido los egipcios, arrollados por el mar Rojo!). Ahora que dos espías de Israel están bajo su protección, Rajab les pide a cambio el amparo, para ella y su familia, cuando tomen Jericó. Los dos hombres de Josué aceptan. En este momento Rajab los baja por la ventana y les permite huir. Precisamente la ventana desde la que atraía a los transeúntes se convierte ahora en puerta hacia la libertad, lugar de redención. Y ella, prostituta y extranjera, se convierte en una heroína nacional de Israel. Después de todo, asumir puntos de vista inéditos –desde dentro de la ventana– y convertir las miradas es un arte de Dios. ¿No ocurre lo mismo en la encarnación, en la que creen los cristianos? Para ellos, la historia de esta prostituta dice ya mucho también de la vida de Jesús, descendiente suyo.

Débora y Yael

Aliadas imprevistas

(Jue 4-5)

Antes de la época de los reyes, en un periodo en el que el pueblo de Israel está particularmente agitado y cae una y otra vez en el mal, el Señor elige a Débora como su juez y profetisa. A ella se le encarga salvar a Israel de manos de sus enemigos, que en este momento son el rey de Canaán y su temible general Sísara.

Débora convoca a un hombre, Barac, y le encarga conducir las tropas de los israelitas contra Sísara... Pero él tiene miedo y le pide que le acompañe. Débora accede y le guía a la victoria según la voluntad de Dios. Porque sus adversarios son derrotados en muy poco tiempo y su líder huye humillado. En su huida, Sísara encuentra el campamento de una tribu aliada suya y se queda a descansar allí: está a salvo. Una mujer llamada Yael le invita a entrar en su tienda. Quizá le haya reconocido: al fin y al cabo, es la mano derecha del rey, no un novato cualquiera. La mujer lo esconde bajo una manta y él enseguida le pide agua, está muy cansado. Ella hace más que eso: le ofrece leche caliente y le arropa. Sísara, ya aletargado por el sueño, ordena: «Quédate a la puerta de la tienda, y si viene alguien preguntando di que no me has visto». Yael no responde, deja que duerma profundamente. Luego coge un clavo y un martillo, se acerca despacio a su huésped y, con una violencia inesperada, le clava en la sien el clavo hasta que llega a la tierra. Entre tanto Barac, que seguía a Sísara, llega al campamento. Yael siente ruido fuera, sale y va a su encuentro. Y le lleva a ver, triunfante, el macabro espectáculo de Sísara muerto.

Sin embargo, no hay ninguna razón que nos permita entender por qué Yael asesinó a aquel hombre. No lo hizo por obtener un beneficio personal, y no se trataba tampoco de un antiguo daño que quisiera reparar. Su comportamiento es incomprensible, pero tiene como resultado ponerla de parte de Israel y de su Dios, y la hace merecedora de una mención en el canto de alabanza que Débora y Barac entonan poco después: «Bendita entre las mujeres sea Yael […] Bendita entre las mujeres del campamento. Pidió agua, ella le dio leche […] Con su mano cogió el clavo, con la derecha el martillo de los trabajadores. Le golpeó, le rompió la cabeza, le atravesó la sien. A sus pies se doblegó, cayó, yació».

Parece que Yael se encuentra, sin darse cuenta, del lado de la historia que no debía ser el suyo... Ella debería estar «del otro lado», entre los enemigos. Pero Yael no actúa siguiendo su guion, sabe que el mundo no está estrictamente dividido en dos, y que puede cruzar de un lado a otro. Mata a un enemigo *de Israel:* hace una inexplicable contribución a una tarea de otros, de una comunidad desconocida, de un pueblo al que no debe nada y que incluso la considera un peligro. Débora y Yael actúan unidas solo porque ninguna de las dos está luchando para sí misma. Así ambas pueden ayudar a otro sin prejuicios, y descubrirse como aliadas imprevistas.

Ella sabe que el mundo no está estrictamente dividido en dos.

Dalila

Conocer la fuerza

(Jue 16)

«Muera Sansón con todos los filisteos». Al igual que muchas frases bíblicas, esta ha entrado también en el idioma como un proverbio, que indica el precio que se está dispuesto a pagar para vengarse del enemigo. El Sansón que se menciona en esta frase es el último de los jueces de Israel, la figura de garantía y profecía escogida por Dios para salvar al pueblo de Israel. Su historia comienza con el anuncio de su nacimiento, anuncio que un ángel da a su madre junto a una exigencia: al niño no se le deberá cortar nunca el pelo, como señal de consagración a Dios.

Sansón crece con trenzas en sus cabellos y se hace famoso por la increíble fuerza física que usa contra los filisteos, el pueblo opresor de Israel. Un día se enamora de una joven llamada Dalila. El líder de los filisteos, muy astuto, no deja escapar la ocasión: convoca a la joven y le ordena que descubra el **secreto** de la fuerza de Sansón y que se lo entregue a los filisteos. Dalila se presenta, pues, ante Sansón, pero sin los subterfugios y la malicia que cabría esperar, hasta que al final le dice la verdad: «Dime, por favor, de dónde te viene tu extraordinaria fuerza y de qué modo podrías ser atado y sujetado». Es pura seducción: con su pregunta, Dalila puede desencadenar en Sansón la adrenalina de la vulnerabilidad, la emoción de estar a merced de la persona que se ama.

Comienza un juego amoroso, y el hombre ofrece tres pistas sobre su mayor secreto, mencionando sus trenzas: «Si me atasen con siete cuerdas...», «Si me atasen fuertemente con sogas nuevas...», «Si me entretejes las siete trenzas de mi cabeza con hilos...». Dalila no parece comprender ninguna de las tres veces, y toma literalmente las pistas que él le ofrece: lo ata con fuerza. En cada ocasión simula un ataque de los filisteos, igual que un juego de niños, y Sansón se libera las tres veces. Al final, Dalila se hace la ofendida: si él la ama no puede guardarse ningún secreto. Y entonces Sansón se confiesa: «No me he cortado nunca el cabello». Y luego añade: «Si me lo cortasen, perdería toda mi fuerza». ¡Pero esto el ángel no se lo había dicho! Sansón ha basado su vida en una fuerza que no conoce. Pero Dalila sí la conoce: ella sabe que, ahora que se ha ganado su plena confianza, le ha «atado» de verdad. Dejó que se durmiera y llamó a los filisteos, que le cortaron las trenzas y lo encarcelaron.

Con el paso del tiempo, el cabello le volvió a crecer, pero no era ya el cabello sin cortar que le garantizaba la consagración, sino que ahora es un crecimiento completamente normal. Un día Sansón es llevado como espectáculo para una fiesta. En un instante de lucidez, ocurre algo inesperado: ruega a Dios que le dé la fuerza una vez más, y consigue matar a sus verdugos. También él debe haber comprendido por fin el secreto de Dalila: que la fuerza está en la **relación**, que es la atadura que «ata» más que las cuerdas. La fuerza «viene de Dios», es decir, no es algo que se posea, sino un conjunto de elementos complejos, de equilibrios, llenos y vacíos, puntos débiles, cuerpos en tensión. Y de personas, sobre todo personas.

La mujer del levita

Personas en pedazos

(Jue 19)

En la época en que Israel ya no tenía jueces y aún no tenía rey, tuvo lugar el episodio más violento y espeluznante de la Biblia. Todo comienza con un hombre que pertenece a la tribu de Leví y con la audacia de su mujer, que un día lo abandona y regresa a su casa paterna. Después de meses de separación, el levita se reúne con ella con la mejor intención: «hablarle al corazón y convencerla para que vuelva». Pero enseguida se distrae: su suegro lo abraza, se sientan a comer, hablan entre ellos dos... El levita acaba entreteniéndose durante cinco días sin dirigirle la palabra a la joven. Aquí las mujeres son asunto de los hombres: se habla de ellas, pero no con ellas. La tarde del quinto día es hora de regresar. El hombre toma (¿en orden de importancia?)

dos asnos, a su mujer reconquistada y a un criado, y se marcha.

Enseguida se hace de noche y hay que buscar un lugar donde dormir. La ciudad de Guibeá está de camino y se encuentra en territorio amigo, piensa el levita. Pero, contra toda expectativa, nadie quiere hospedarlo. Solo un anciano, cuando ya estaban a punto de rendirse y pasar la noche a la intemperie, le invita a quedarse en su casa. Pero no es una protección suficiente: la presencia de extranjeros ha instigado la maldad de algunos hombres de la ciudad, que deciden aprovecharse de ellos para desahogarse. Rodean la casa y ordenan al anciano que les entregue a sus huéspedes porque quieren abusar de ellos. Es violencia gratuita, quieren utilizar el sexo para humillar al máximo al extranjero. El anciano dueño de la casa se opone: la hospitalidad es sagrada, al levita no se le puede tocar. Mejor que cojan a las mujeres: su hija y la mujer del huésped (para la cual la hospitalidad no cuenta). Ellos insisten. Entonces el levita en persona, para cerrar la cuestión, coge a «su» mujer y la arroja fuera. Los habitantes de la ciudad, que querían humillarle a él, deciden que violar a su mujer puede bastar. La violan durante toda la noche.

Al amanecer, la mujer se arrastra con sus últimas fuerzas hasta la puerta de la casa. Sale el marido, listo para reemprender el viaje, y la encuentra allí. Con una escalofriante indiferencia le dice: «Levántate, tenemos que irnos». Ella no responde, quizá ya esté muerta, y él la sube como un peso muerto sobre el asno. Llegados a su destino, el hombre ratifica su violencia con un gesto estremecedor: coge un cuchillo y corta en pedazos a la joven, doce trozos de carne que envía a las tribus de Israel, como señal del daño sufrido y de la venganza que promete a quien ha violado su propiedad.

Dios calla en historias como esta. También él es relegado al sufrimiento mudo de quien sufre violencia. Hecho pedazos él mismo, cuando una persona es reducida a un pedazo, a una parte del cuerpo, a un papel, a un vínculo, a una propiedad. «Contra la violencia» es necesario estar «a favor de la dignidad»: hay que mantener unidas ambas, para no pensar en las personas como pedazos.

Rut y Noemí

Dar a luz en las piernas de otro

(Rut)

Todos, todas, somos mestizos. Basta con salir un poco en nuestro árbol genealógico para encontrar una procedencia diferente, un traslado de la familia, una mezcla de pueblos derivada de matrimonios de interés o (¡ay!) de uniones violentas. «Extranjero» es un término que nos atañe a cada uno de nosotros. Puede aplicarse también a Jesús, dado que las raíces de su familia hay que buscarlas también fuera de Israel: eran extranjeras las cuatro mujeres que se mencionan en su genealogía: Tamar, cananea; Rajab, de Jericó; la mujer de Urías el hitita (precisamente), pero antes de ellas está Rut, la extranjera por excelencia, a la que se dedica todo un libro de la Biblia.

En la época de los jueces, antes de que Israel tuviera rey, Belén está en carestía. Una pareja con dos hijos se traslada a Moab, pero una vez allí, el hombre muere y la mujer se queda sola con sus hijos. Se llama Noemí. Sus hijos se hacen mayores y se casan con mujeres moabitas, Rut y Orfá, pero, lamentablemente, también los dos jóvenes mueren pronto. En casa se quedan tres viudas: suegra y nueras. Noemí, con gran realismo, invita a las jóvenes a volver a sus propias familias de origen y les dice que se vuelvan a casar. Ella también regresará a Belén: ahora ya no hay carestía. Orfá acepta irse, pero Rut no, no quiere abandonarla. Así, con gran afecto y dedicación, la nuera sigue a la suegra hasta Belén.

Son mujeres solas, y por tanto son pobres. Rut se dedica a espigar en los límites de un terreno. El propietario, Booz, se entera de que se trata de la extranjera que vive con Noemí, y decide cuidar de ella: le da pan, ordena que nadie la moleste, la invita a espigar cuanto quiera. Rut le cuenta a su suegra estas atenciones, y Noemí se da cuenta de que Booz es familiar cercano de su difunto esposo: según la ley de Israel, ¡podría casarse con Rut! Hay que hacer algo para que ambos se encuentren y hablen a solas. Al final del tiempo del espigueo, la anciana le dice a la joven: «Debes esperar a que Booz se acueste, descubrirle los pies y esperar a los pies de su lecho». Él, sintiendo frío, se despierta a medianoche para cubrirse y se percata de la presencia de la joven. Y entonces Rut le explica la situación. Booz escucha y promete hacerse cargo de ella, pero antes de casarse con ella debe comprobar que no está saltándose a ningún familiar. Hay un hombre que es pariente más

> Un hijo de todos no es extranjero para nadie.

cercano y tiene derecho a casarse con ella antes que él. Así que al día siguiente va a buscarlo, pero aquel hombre declara enseguida que no necesita ninguna otra boca que alimentar. Que la tome él, que tiene vía libre.

Y así, hay un final feliz: Booz y Rut se casan y poco después ella se queda embarazada. Pero lo mejor viene luego. Cuando Rut da a luz al niño, las mujeres del lugar no acuden a ella, sino a Noemí, y bendicen a Dios porque le ha nacido un hijo. Noemí toma al niño en su regazo, y le hace de niñera… Es como si Rut le hubiera devuelto la capacidad generadora, como si le hubiera dado a luz en sus piernas, entrelazando Moab e Israel: un hijo de todos no es extranjero para nadie. También esta historia forma parte de la herencia de Jesús, que los cristianos consideran que fue dado a luz en las piernas del mundo, para que toda la tierra sea fecunda y nadie sea ya extranjero.

Ana

Pedir a Dios que escuche

(1Sam 1-2)

En las celebraciones de Año Nuevo judío, que cae entre comienzos de septiembre y los primeros días de octubre, se recuerda la historia de una mujer de la Escritura cuya oración se convirtió en esperanza para todo nuevo comienzo. La mujer se llama Ana.

Al principio de la historia, su nombre aparece junto al de Peniná: las dos son esposas de Elcaná, pero entre ellas hay una relación de celos y de sufrimiento porque, como con frecuencia sucede en la Biblia, Peniná es fértil, mientras que Ana, la mujer más amada, es estéril. Debido a su infertilidad, Ana sufre las vejaciones y las humillaciones de Peniná. Pero Elcaná la quiere tanto que está convencido de poder salvarla él mismo de todas las **amarguras** de la vida. Un día le pregunta: «Ana, ¿por qué lloras?, ¿por qué estás tan triste? ¿No soy yo para ti más que diez hijos?». Con una ternura tan sincera como ingenua, Elcaná está diciendo: «¿No te basta conmigo?». Pero se engaña enormemente: nadie puede satisfacer la felicidad de otro, nadie puede colmar de verdad los deseos de otro. Dice: «Llena tu estómago, contén tus lágrimas, recuerda que eres amada», pero con eso no basta. Ana está ebria de dolor, se esfuerza por comer, pero no deja de llorar ante el Señor.

Un día, mientras está en el templo de Siló, decide hacer un voto: si Dios le concede un hijo varón, ella se lo consagrará y le dejará en el templo para que se convierta en ministro suyo. Una manera paradójica de pedir una gracia: pedir algo (o alguien) para luego dejar que se vaya. Pero de este modo Ana nos revela que su tristeza no depende de una serie de circunstancias que no se han materializado, sino de que sus vacíos parecen no encontrar eco en Dios, de que su **deseo** parece no estar siendo escuchado. Su felicidad no depende de tener o no tener un hijo, ella solo quiere saber si puede confiar en Dios: no dice «dame un hijo», sino «escúchame, estoy sufriendo».

Mientras se dirige así a Dios, es el sacerdote Elí quien la escucha. La verdad es que al principio no la comprende: ve que sus labios se mueven y no percibe el sonido de sus palabras, por lo que piensa que, sencillamente, había bebido demasiado. Por eso se acerca y habla con ella, y en cuanto se percata de su sufrimiento intercede por ella ante Dios. Él es el primero que presta atención a su deseo, sin ni siquiera conocer su contenido. Ana vuelve a casa sintiéndose escuchada.

Un año más tarde la mujer da a luz un hijo a quien pone el nombre de Samuel, que significa «he pedido al Señor». En cuanto acaba el periodo de lactancia, lo lleva al templo y se lo confía a Elí, mientras entona un cántico de alabanza que puede resultarnos familiar: «Tengo el corazón alegre gracias al Señor, llevo la frente alta gracias a Dios…». Es el *Magníficat* del Antiguo Testamento, que tendrá eco en la alabanza de María en el Evangelio de Lucas. El Dios que conoce Ana es un Dios al que se puede pedir que escuche, un Dios que presta su oído a la vida y a los vacíos de cada uno. Podemos tener confianza: el futuro sigue todavía abierto.

Abigaíl

Quien es inteligente bendice

(1Sam 25)

«Bendita sea tu sabiduría». No es una errata de un fragmento del Avemaría. Hay una mujer llamada Abigaíl, en la Biblia, que siente de verdad que se le dirigen estas palabras, que pronuncia el rey David en la época en que el rey era todavía Saúl.

La historia se narra en el primer libro de Samuel: Abigaíl, una mujer inteligente y hermosa, está casada con un hombre tosco, rico propietario de cabras y ovejas. El nombre del marido es Nabal, que en hebreo significa literalmente «necio». David quiere escapar de los celos del rey Saúl, que quiere verlo muerto. David se había cruzado anteriormente con los criados de Nabal en uno de sus numerosos desplazamientos guiados por el instinto de supervivencia. Los había tratado bien, los había ayudado, había dado orden de no molestarlos.

Así que, cuando se entera de que Nabal está banqueteando por la fiesta del esquilado, se siente en posición de pedirle un favor: envía a algunos de sus hombres a su casa y les da indicaciones para que se presenten ante Nabal y le pidan amablemente provisiones para ayudarles. Según el deber de hospitalidad, Nabal debía ofrecer de buena gana los víveres, y, sin embargo, expulsa a los criados de malos modos. Entonces David, que nunca había sido famoso por su paciencia, se ofende y decide responder provocando una masacre.

Mientras organiza a sus hombres contra Nabal, Abigaíl se entera por un sirviente del imperdonable desliz diplomático de su marido y del inminente peligro. Coge enseguida todos los alimentos y los animales que puede dar como regalo y, a escondidas de su marido, parte a lomos de un asno junto con sus criados. Intercepta la marcha de los hombres de David y se postra enseguida a los pies del futuro rey, pide disculpas por no haberle recibido personalmente y reconoce la insensatez de su esposo. Es sincera, resolutiva, y sabe cómo funciona el mundo. Finalmente pronuncia sobre David una bendición que es al mismo tiempo una profecía: «El Señor hará ciertamente a mi señor una casa estable […] Aunque alguno se levante para perseguirte y buscar tu vida, la vida de mi señor está guardada».

Entonces también David pronuncia una bendición: primero bendice al Señor y luego a Abigaíl. Acepta los regalos, asegura a la mujer que no atacará su casa y se despide de ella en paz. Ella vuelve junto a su marido y se lo encuentra completamente borracho. Espera al día siguiente y, cuando Nabal se ha recuperado de la borrachera, le cuenta lo sucedido. A él le da un ataque... y debe perder muchos años de vida, porque diez días después muere. En cuanto David se entera de la noticia, manda mensajeros a Abigaíl porque quiere casarse con ella, en señal de reconocimiento, estima y protección. Esta mujer «ingeniosa» debe ser, sin duda, fascinante. La palabra hebrea *taham* no significa solo «inteligencia, prudencia», sino sobre todo «gusto, sabor, paladar». Abigaíl es una mujer que tiene gusto por las cosas. No se emborracha ni es grosera como su marido: es perspicaz, no ingenua, se percata de lo que ocurre a su alrededor. Una mediadora, una política. ¿Quién si no bendeciría a un desconocido?

Mical

Señal de vínculo

(1Sam 18-19; 2Sam 3)

Al menos la mitad de la historia de David es una constante lucha contra el rey Saúl, que le considera un peligroso adversario político. Por otro lado, David se ha hecho famoso con una hazaña heroica: ha derrotado al gigante Goliat, y ahora muchos piensan en él como futuro rey. De manera que cuando la segunda hija de Saúl, Mical, se enamora de David, Saúl se frota las manos: es la oportunidad perfecta para quitárselo de en medio. Le propone el matrimonio y, al saber que no puede pagar la dote debida por la hija de un rey, le ofrece una alternativa: «cien prepucios de filisteos» a cambio de la mano de Mical. Una prueba en la que Saúl esperaba ver sucumbir a su adversario. Pero David mata a cien filisteos, regresa victorioso y se convierte en yerno de Saúl. Mical se encuentra, pues, entre dos hombres como señal de vínculo diplomático, y como un objeto que garantiza a David el prestigio de pertenecer a la familia real y a Saúl la posibilidad de tener a su rival bajo control. Si David la ama o no, es algo sobre lo que no se dice nada.

La historia continúa, y el rey trata de nuevo de matar a David, pero fracasa. Manda entonces a vigilarlo y a apresarlo en su casa; entonces, una noche, la joven Mical organiza la fuga de su marido. Baja a David por la ventana y, cuando ya está lejos, rellena la cama para simular que está David acostado en ella y engañar así a su padre. A la mañana siguiente gana tiempo con la excusa de que David está enfermo y descansando. Cuando el engaño por fin se descubre, el rey la manda llamar, furioso: «¿Por qué me has engañado así, dejando huir a mi enemigo para que se pusiese a salvo?». Y Mical respondió mintiendo: «Me dijo que me mataría si no le dejaba marchar». Las palabras que la mujer atribuye a su marido eran verosímiles porque respetaban el papel que le había sido asignado, ser «señal de vínculo». Ella debía ser el sello que mantiene unidos dos elementos, y que solo puede romperse si uno de los dos elementos se mueve o falla. Un sello es pasivo, son otros los que lo ponen y lo

Amor y fijación no van juntos.

quitan. Pero Mical no quiere ser pasiva, ha orquestado personalmente la huida de su amado. Ha optado por posicionarse en los diferentes vínculos y ha decidido también cómo vivirlos: dejando marchar a David, desafiando a Saúl.

Mical no quiere retener ni mantener a ninguno, porque amor y fijación no van juntos. Lamentablemente, como les sucede a tantas mujeres dentro y fuera de la Biblia, ella no podrá librarse de ser considerada una mera «señal de unión» entre dos hombres. Más tarde, cuando Saúl haya muerto y David haya sido proclamado rey, él pedirá que se le devuelva Mical para ratificar su supremacía: «Devuélveme a mi mujer, Mical, que yo adquirí por cien prepucios de filisteos». Así será de nuevo pasiva, de nuevo objeto de cambio. Pero hasta que ella tomó posición por su cuenta, y solo hasta ese momento, Mical será para David una verdadera señal de unión… no con Saúl, como él creía, sino con Dios. Cuando ella amaba, actuaba, se comprometía, ¿de quién era señal, sino de Dios?

La nigromante de Endor

Los vivos cuidan

(1Sam 28)

Tras la muerte del profeta Samuel, el rey Saúl prohíbe la nigromancia y la magia. Se respalda en las leyes porque está perdiendo poder, mientras David adquiere fama y autoridad. Se prepara también para una batalla contra los filisteos, en cuyas filas está precisamente David, que ha huido de él y se ha pasado al enemigo. Una situación política delicada.

Una tarde Saúl observa el ejército del enemigo y tiene miedo. Invoca al Señor, pero no obtiene respuesta, y entonces entra en pánico: «Buscadme una mujer dedicada a la nigromancia para que vaya a consultarla». Como lo ha solicitado el rey, nadie se atreve a recordarle que está contraviniendo sus propias leyes. Le informan sobre una nigromante en la zona de Endor; Saúl se disfraza y va a verla junto con dos hombres. Le pide que invoque a Samuel desde el reino de los muertos, pero la nigromante se opone: los decretos se lo prohíben, no quiere arriesgarse a morir. Saúl la exime de toda responsabilidad, hasta que ella accede a su petición. Cuando el espíritu de Samuel aparece, la mujer se da cuenta de que quien lo ha invocado es Saúl, y se asusta. Él la **tranquiliza** de nuevo y consigue dialogar con el difunto, quien le recuerda que el Señor lo ha abandonado a causa de su pecado y ha ungido a David. Al viejo rey, añade Samuel, le espera en cambio la derrota en la guerra y la muerte.

Hay un poco de confusión en torno a este relato. Durante siglos los exegetas se han preguntado si la nigromante tenía de verdad el don de invocar a los muertos o era una charlatana y Dios le concedió hacer de médium solamente para Saúl, o si se trataba en realidad de un demonio. No se sabe. Pero el episodio no concluye con este velo de misterio: hay una continuación más interesante. Porque, una vez escuchadas las palabras del profeta, Saúl, que ya está débil por el viaje que ha realizado en ayunas, se siente desfallecer. La mujer observa que está alterado y se acerca a él: «Dígnate obedecer también tú a tu sierva: te voy a traer algo de comer; come y recupera fuerzas para proseguir tu camino». Ella sabe la noticia de muerte que acaba de recibir el rey, pero insiste, de todos modos, para que siga viviendo y se mantenga en pie. Saúl al principio se niega, pero luego se deja convencer. La nigromante cocina un ternero y panes ácimos, y sirve la comida. Los hombres comen y vuelven a casa por la noche.

La invocación de espíritus no tiene mayor importancia ante la capacidad de la mujer de consolar, y de hacerlo con quien la ha colocado fuera de la ley y la ha expuesto al riesgo de la condena. Su gesto es el último gesto de **ternura** que Saúl recibe antes de morir, un gesto indebido, de atención sobreabundante. Había rechazado al Señor con su oficio irrespetuoso con los difuntos, pero su hospitalidad fue para Saúl el gesto definitivo de respeto por los vivos. Es entre los vivos, incluso entre los menos esperados, donde el rey encuentra un poco de consuelo, vestigio de la benevolencia de Dios. Porque son los vivos los que cuidan siempre. «Dios de los vivos», dirán los cristianos.

Tamar, hija de David

¡Que alguien hable!

(2Sam 13)

El primogénito de David se llama Amnón, hijo que ha dado a luz Ajinoán. Pero con otra mujer, Maacá, el rey ha tenido a Absalón y a su única hija, Tamar, que es muy hermosa. Un día Amnón se enamora locamente de ella. Se lo confiesa a un amigo, y este le aconseja que finja estar enfermo en la cama y que le pida a su padre David que mande a Tamar a cuidar de él. Amnón se acuesta, pues, bajo las sábanas y finge no tener apetito. David envía a Tamar junto a su cama: ella le prepara unas tortas y se las sirve, pero él se niega a comer. Envía a todos fuera de la alcoba y, cuando está a solas con su hermanastra, la invita a darle ella de comer con su propia mano. Mientras Tamar le ofrece la comida, él la coge y le dice: «Ven, acuéstate conmigo, hermana mía». Amnón sabe lo que está haciendo, la llama «hermana» en el momento más turbio de la historia. Ella le suplica que no la violente, y tiene la calma de enumerarle los motivos por los que no debe hacerlo: él se convertiría en un infame, ella sería deshonrada en vida. Y, además, dice Tamar, hay otras soluciones: si Amnón así lo desea, puede obtener de David el permiso para unirse a ella legítimamente. Qué sangre fría tiene Tamar para explicarle todo esto a su hermanastro mientras él la tiene sujeta, quizá apretándole la muñeca, quizá ciñéndole las caderas. Pero Amnón no la escucha y comete estupro.

Después del acto, los sentimientos de Amnón cambian de improviso: antes creía amarla, pero ahora la odia con todo su ser y quiere alejarla de él. Para ella, ser expulsada constituye otra afrenta más: la joven le suplica que no lo haga, pero Amnón llama a un sirviente y le ordena que la eche fuera y que cierre la puerta a sus espaldas. El sirviente obedece la orden, y Tamar se encuentra sola fuera del palacio. Echa polvo sobre su cabeza, rasga las mangas de su túnica, que eran símbolo de virginidad, y se pone a gritar y a llorar.

La desgarradora escena llega a su culmen cuando aparece su hermano Absalón, que comprende de inmediato lo que ha sucedido, pero, en lugar de escucharla (por fin) y consolarla, le hace una sugerencia que es una nueva violencia: «Por el momento, hermana mía, guarda silencio; es tu hermano. No tomes a pecho este asunto». Pero ¿cómo podría ignorarse algo así?, ¿cómo se puede guardar silencio en virtud de un vínculo, cuando es precisamente el vínculo, la condición de «hermano», lo que intensifica el daño y aumenta la gravedad de los hechos? El propio Absalón aborrece ahora a Amón (¡y llegará a matarlo!). ¡Pero no habla! Tampoco habla el rey David cuando se entera de todo. Se enfada por ello, pero Amnón es su primogénito, y de este modo el padre hace violencia a su hija.

Porque el silencio es violencia. Tan brutal que sofoca incluso la voz de Dios. Porque el Señor no reemplaza el consuelo que un padre y hermano pueden –deben– dar: Dios no libera de responsabilidad, no arregla relaciones. El nombre de Tamar desaparece en el pacto de silencio de los hombres de su familia.

La mujer sabia de Técoa

En el lugar del otro

(2Sam 13-14)

Silencio tenso, o quizá llanto, en el palacio del rey. El primogénito de David ha muerto asesinado. Lo ha matado su hermano Absalón, que después ha huido lejos para escapar de la cólera de su padre, que ahora quiere, a su vez, matarlo a él. Como si no supiese que Absalón ha asesinado a su hermano mayor por justicia: él había violado a su hermana y había quedado impune; ni siquiera el rey había pronunciado una palabra de condena. El violador muerto y el asesino exiliado eran hermanastros, nacidos de dos madres diferentes que ya compartían techo y marido y ahora compartían también el dolor de hijos culpables y la nostalgia de su ausencia. Madres de verdugos. Mujeres de un encubridor. Pasaron tres años de luto, en el palacio del rey. El tiempo alivia el silencio, despeja el llanto: David aprende a convivir con el dolor y con la rabia. Pero de las mujeres que viven en sus aposentos no se dice nada.

Cierto día un consejero de la corte cree que ha llegado el momento de que el rey se acerque a Absalón y, para convencerlo, habla con una mujer anónima y sabia procedente de Técoa. La mujer se presenta ante David con la orden explícita de hacerle «de espejo». Así que, en primer lugar, finge ser viuda... Por otro lado, en esta triste historia David desempeña el papel del muerto, incapaz de detener la *escalada* de violencia desde el estupro hasta el homicidio. Y, completamente centrado en su resentimiento, el rey no se da cuenta de que la prolongación del exilio de Absalón está infligiendo nuevas heridas a las mujeres de la familia y al pueblo de Israel, que clama por el regreso del heredero al trono.

Poniéndose en el lugar de una mujer sola, como las mujeres y la hija de David o como Israel, la mujer de Técoa cuenta que, tras la muerte de su marido, vio cómo uno de sus hijos moría en manos de otro en una pelea. Ahora se le pedía que entregara al asesino para juzgarlo, pero ella estaba ahí para suplicar al rey que la ayudara y salvara a su único heredero. La historia era un calco perfecto de la de los hijos de David, pero el rey no entendió la relación, aunque se conmovió y juró a la mujer que protegería a su hijo.

En ese momento la mujer revela sus cartas y pregunta al rey por qué no protege a Absalón del mismo modo. De repente, es como si la mujer anónima adquiriese el nombre de todas aquellas que hasta ese momento no habían podido manifestar su dolor: Ajinoán, la madre del fallecido; Maacá, madre de Absalón; Tamar, hermana violada, y, sobre todo, Israel. David se ve acorralado: la excelente intérprete de Técoa es sabia: se ha puesto en el lugar de otras personas para animarle a él a hacer lo mismo. A su pesar, el rey accede y hace llamar a Absalón para que vuelva del exilio, aunque todavía no está preparado para mirarle a la cara.

De nuevo silencio en el palacio del rey: la mujer de Técoa se ha marchado. Queda su delicada sabiduría para saber empatizar.

Jezabel

Violencia insolente

(1Re 16-21)

Una lente interesante para leer el Antiguo Testamento, repleto de historias sangrientas y juegos de poder, es la paz. Todavía más interesante es usar la doble lente de la paz y de las mujeres, para comprobar si se sostiene el estereotipo de los varones feroces y las mujeres cuidadoras de heridas.

No, no se sostiene: la Biblia no es ingenua y sabe que las personas son complejas.

En la dinastía de los soberanos de Israel la Biblia habla sobre una terrible mujer, la reina Jezabel, mujer del rey Ajab. Es un periodo de inestabilidad política, muchos reyes se suceden en el trono, cada cual más inútil e idólatra que el otro. Dios llama al profeta Elías a presionar al soberano con advertencias y demostraciones de poder. En la trama de la historia del errático

Ajab, Jezabel aparece tres veces, en tres escenas teatrales sublimes.

La primera vez Ajab está regresando al palacio tras haber sufrido una gran humillación por parte de Elías, que ha hecho morir a sus falsos profetas. Se lo cuenta a la reina, que se enfurece y manda decir a Elías: «Para mañana te habré matado». La amenaza debió ser verídica, porque Elías huyó rápidamente y pidió a Dios que le permitiera abandonar su papel de profeta. Dios lo tranquiliza, pero es cierto que Jezabel debía inspirar mucho miedo.

La segunda escena se desarrolla también en la cámara nupcial. Ajab acaba de intentar comprar una viña, pero no se le ha permitido comprarla en virtud de la fidelidad a los antepasados y a Dios. Entra en la habitación y se acuesta en el lecho, mirando a la pared, como un niño caprichoso. Jezabel le pide que le explique la razón de su mal humor y, de nuevo, asume el poder: «Yo te daré la viña de ese hombre». Convoca a los ancianos del pueblo, organiza un complot y hace lapidar al propietario de la viña. Cuando Ajab va a tomar posesión del terreno, Elías se reúne con él para anunciarle las consecuencias: muerte violenta para él, sus hijos y Jezabel. Ajab se arrepiente, pero su mujer no.

Finalmente, Ajab muere y Elías es llevado al cielo. El nuevo profeta de Dios, Eliseo, unge rey a un tal Jehú. Tal como había predicho, Jehú empieza a matar a los descendientes de Ajab y quiere asesinar también a la prostituta (así la llama) de la reina. Informada del peligro, Jezabel no huye, sino que se maquilla y se arregla y espera a Jehú en la ventana (como hacían precisamente las prostitutas). El nuevo rey llega y ella se burla de él llamándole inepto. La reina muere así, sin retroceder ni un milímetro del cinismo que la caracterizaba. Cínica e insolente.

Jezabel encarna la violencia explícita. Pero no es un monstruo: su maldad, como la de cualquier otro, está vinculada con las relaciones: relaciones de orgullo, defensa de territorios. Dinámicas complejas. Un toque de realismo que no debemos olvidar cuando nos enfrentamos a situaciones violentas: hay que contar con la malvad de los demás, pero también con la propia, cada vez que invocamos la paz.

La sunamita

Esto es asunto tuyo

(2 Re 4)

Eliseo es un profeta itinerante, heredero espiritual de Elías. En sus viajes pasa con frecuencia por la ciudad de Sunem, donde suele detenerse en casa de una distinguida señora de la zona que siempre le ofrece un plato caliente. La mujer aprecia tanto al profeta que convence a su marido para hacerle una habitación para que pueda instalarse en ella cada vez que pase por allí. Eliseo quiere compensarla por sus atenciones, y envía a su criado Guejazí a que le pregunte cómo podría **darle las gracias**. Ella rechaza cualquier compensación, pero Eliseo quiere encontrar alguna manera de hacerlo, y Guejazí le sugiere: «No tiene hijos, y su marido es anciano». Entonces el profeta la manda llamar y le profetiza el nacimiento de un niño.

El niño nace un año después y crece enseguida. Un día, de repente, se encuentra mal mientras está en el campo con su padre. El hombre hace que lo lleven junto a su madre, ella lo besa y, trágicamente, le ve morir sobre sus rodillas. Su reacción es de una calma sorprendente, que quizá solo es posible en las desgracias más duras, cuando se sabe que hay pocas cosas concretas que se puedan hacer. La mujer lleva a su hijo exánime a la habitación que había hecho construir para el profeta, luego llama a su marido y, sin darle noticias ni explicaciones, hace ensillar a un asno y parte con calma hacia el monte Carmelo, donde vive Eliseo.

Cuando el profeta la ve llegar, envía a su encuentro a su criado Guejazí para que le pregunte: «¿Va todo bien?». Ella responde lacónicamente: «Sí, todo bien», y adelanta a Guejazí para ir a encontrarse con Eliseo. Sin ningún intermediario. Es al profeta a quien la mujer quiere decirle: «¿Por ventura había pedido yo un hijo a mi señor?». Es una sutil recriminación. El problema no es que Eliseo le hubiera concedido un don que ella no había pedido (¡todos los dones son gratuitos!), sino que el don desaparece luego, y la deja sola con la experiencia de haberlo recibido. Los dones, dice ella, no funcionan como un paréntesis que se abre y se cierra… Crean vínculos, y una vez que se han concedido no se puede dar marcha atrás: no puede dar marcha atrás ni quien lo ha recibido ni quien lo ha concedido.

Eliseo no comprende: envía a Guejazí, convencido de que puede actuar en su lugar. La mujer deja que el criado se marche, pero sigue insistiendo: hasta que no vaya Eliseo en persona, no se moverá de allí. Finalmente, el profeta la sigue hasta Sunem. Allí le está esperando Guejazí, que, obviamente, no ha conseguido resucitar al niño. Entonces Eliseo sube a la habitación donde ha dormido en tantas ocasiones y abraza el cuerpecito exangüe: no hay ningún signo de vida. Se pone a caminar por la casa, de un lado a otro, hasta que vuelve a abrazar al niño... y el niño, finalmente, abre los ojos.

Como dijo el papa Francisco en el encuentro de oración por la paz en octubre de 2021, «El dolor de los otros no nos urge [...], pero es la valentía de la **compasión**, que nos lleva a ir más allá de la vida tranquila, más allá del no es asunto mío y del no me pertenece». Así pues, la anónima mujer sunamita llama por su nombre a cualquiera: «No puedes dar marcha atrás, esto es asunto tuyo».

Betsabé

La cómplice

(2Sam 11-12; 1Re 1)

La primavera es la mejor época del año... para librar una guerra. De manera que el rey David envía a sus hombres al frente, pero él se queda en Jerusalén, sin demasiadas preocupaciones. Un día, al final de la tarde, mientras paseaba por la terraza, contempla la ciudad desde lo alto de su palacio y ve a una mujer muy hermosa que se está lavando. Admirado, llama a sus criados y les pide información. «Se llama Betsabé», le dicen. «Es la mujer de Urías, el hitita». David pasa por alto esta última parte y envía a un mensajero para que le lleve a la mujer a su presencia. Ella no parece oponer ninguna resistencia y poco después se reúne con él en palacio. No hace falta decirlo: se acuestan juntos... Quizá fueran cómplices de deseo recíproco. En cualquier caso, hay un pequeño detalle que David ignora:

Betsabé está en su periodo fértil. Pero ella no parece turbarse por esa posibilidad. Vuelve a su casa tranquilamente y poco tiempo después envía un mensaje al rey: «Estoy embarazada». No debe haber sido una sorpresa. Pero ahora deja que sea David quien se encargue de la situación.

El marido de Betsabé, Urías el hitita, es un soldado del rey, uno de los que han ido al frente hace poco. David le hace llamar para que vuelva a la ciudad, con la excusa de que le informe sobre el estado de las tropas, y le invita a descansar durante una noche. Espera que vuelva a casa y se acueste con Betsabé, así su hijo parecerá legítimo. Pero Urías es un soldado ejemplar, y pasa la noche a las afueras del palacio, esperando órdenes.

Así que David pasa al «plan B»: entrega una carta en un sobre sellado por las manos de Urías y le envía de nuevo al frente. En la misiva, dirigida a su comandante, ha escrito: «Colocad a Urías en primera línea de batalla para que muera». Y eso es lo que sucede.

Betsabé respeta el luto: siete días. Luego David la recibe entre sus mujeres, disfrazando con bondad su vileza. Ella da a luz al hijo del adulterio… pero el recién nacido enferma gravemente. David llora, ayuna, ruega a Dios que lo salve. En vano: el niño muere. Todos

esperan ahora que el rey se derrumbe, pero David se re-
compone, dice que no se puede volver atrás. Y va junto
a Betsabé, que ha sufrido tanto como él, o incluso más.
En poco tiempo ha perdido a su marido, se ha casado
con otro, ha dado luz y ha presenciado la enfermedad
del pequeño: debe estar abrumada. David solo tiene un
modo de consolarla: se une nuevamente a ella. Así, un
nuevo embarazo la saca de su dolor, como a veces sucede con las cosas nuevas. Nace Salomón, «el amado
del Señor».

Pasan los años, el rey envejece. Uno de los hermanos mayores de Salomón comienza a comportarse
como rey en su lugar. Pero el profeta Natán, consejero
de David, no está contento. Convoca a Betsabé y le
dice: «Para que salves tu vida y la de tu hijo, ve a ver a
tu marido y dile que cumpla lo que ha jurado: el trono
pertenece a Salomón. Yo entraré detrás de ti y corrobo-
raré tus palabras». Betsabé hace lo que él le dice, pero
no es una mera ejecutora, sino que enriquece el discurso con detalles, como una auténtica cómplice. David
la escucha, y después escucha a Natán. Finalmente,
David manda llamar de nuevo a Betsabé y le promete:
«Haré lo que te he jurado: Salomón, tu hijo, será rey
después de mí».

La Mujer Sabia

En el principio

(Prov 8-9)

Seguro que a muchos les ha ocurrido que, al pasar por una ciudad, en pleno día, han visto a alguien que, en voz alta, e incluso con cierta compostura, habla a un pequeño grupo de gente sobre temas serios: una guía turística o una oradora en pie sobre un pequeño estrado. O quizá han visto a una mujer elegante en el umbral de su casa diciendo sin gritar: «¡Bajad!», a quien está dentro, o: «¡Venid!», a quien está fuera, en la calle. En la Escritura también es así la Mujer Sabia: ella es la que, por la calle, o en los cruces de caminos, o incluso en la entrada de la casa, llama como una profesora de prestigio: «¡Aprended, escuchad!». No es brusca, pero tampoco permanece en silencio.

Esta mujer no tiene miedo de hablar de sí misma: dice que no es una mujer errante, sino que vive, bien instalada, junto a la prudencia; su morada es Israel. Ella camina y orienta su vida de acuerdo con la justicia: observa bien, actúa con sensatez, salva a quien la sigue. Declara también que su presencia es muy valiosa, e incluso necesaria, para reyes, príncipes y gobernantes. Por las calles de la ciudad, la Mujer Sabia se declara, en definitiva, indispensable para la política y para el bien común: es experta en la convivencia cotidiana, y es práctica a la hora de tomar decisiones que afectan al futuro.

En realidad, dice que proviene de Dios, y que Él la creo al principio de todo, antes de cada obra suya, desde la eternidad. Todo lo que existe, para ella ha sido siempre futuro: «Cuando el abismo no existía, fui yo engendrada. Yo estaba a su lado como arquitecto». Quizá esto nos recuerde el comienzo de la Biblia: «En el principio... el espíritu de Dios aleteaba sobre las aguas». Pero también el inicio del Evangelio de Juan: «En el principio la Palabra está con Dios: Todo fue hecho por Él». Desde el principio, Dios actúa siempre con una perspectiva de **promesa**, que aquí se llama Sabiduría.

La Mujer Sabia prosigue su animado discurso; se la ve apostada bajo una ventana, o quizá en una plaza para que su voz sea escuchada por más personas:

«Hijos, escuchadme: dichosos quienes sigan mis caminos». Está capacitada, y por eso ahora da un consejo: sugiere que no la ignoren. Que al menos la busquen. E incluso más: que vivan con ella. Porque esta señora es una anfitriona muy acogedora. Ha construido una casa con delicadeza, tallando las columnas, y luego ha preparado un copioso banquete. Ha enviado también a sus doncellas para que vayan por el pueblo y convoquen a los inexpertos e insensatos con el fin de que puedan por fin comer algo sabroso. Y allí los invita: «**Comed** mi pan, bebed el vino que he preparado, y tendréis más vida, se multiplicarán vuestros días». La Mujer Sabia vive desde el principio y en los siglos, y asegura que no se puede perder el tiempo y aprovechar cada amanecer y cada atardecer.

La profetisa Ana

Esperar

(Lc 2)

En el relato que cuenta el nacimiento de Jesús en el Evangelio de Lucas se menciona a tres mujeres: obviamente, María de Nazaret, su prima Isabel y una tercera mujer que conoce a Jesús cuando este tiene unas pocas semanas de vida.

Ha pasado cerca de un mes desde que José ha circuncidado a su hijo y le ha puesto un nombre, y la ley de Israel prescribe ahora dos ritos. El primero: María, que ha dado a luz, debe purificarse en el Templo de Jerusalén, porque, para los judíos, la sangre de las mujeres que hayan dado a luz o estén menstruando es una pérdida de vida y las hace no aptas para el culto. El segundo: el recién nacido Jesús es presentado en el Templo, porque todos los primogénitos deben ser consagrados a Dios.

De modo que María y José llevan a su hijo a la ciudad. Suben a la explanada y, entre el bullicio de la multitud, se convierten en el centro de atención de un anciano, que de repente toma al niño en brazos y empieza a alabar a Dios, ante la sorpresa general. Este hombre se llama Simeón, ha esperado toda la vida para conocer al Mesías, y el Espíritu le ha dicho que aquel al que esperaba estaba precisamente delante de él: era Jesús.

Entre la gente que los rodea hay también una anciana. De ella se conocen muchos detalles, como ocurre con los personajes importantes: se llama Ana, es hija de Fanuel y pertenece a la tribu de Aser. Es decir, es israelita, heredera de la promesa de salvación que el pueblo de Dios ha custodiado hasta hoy. Ha estado casada durante siete años, y luego se ha quedado viuda. También se conoce su edad exacta: ochenta y cuatro años. El detalle más interesante es que es una profetisa. Como todos los profetas y profetisas del Antiguo Testamento, Ana no prevé el futuro... pero sabe indicarlo, interpretando con agudeza el pasado y el presente en favor de todos.

Aquel día también ella, como muchos otros, presencia la surrealista escena en el Templo: un hombre que derrama lágrimas de alegría mientras sujeta entre los brazos a un niño que no es suyo. Pero, a diferencia de otros, que ven la emoción de Simeón como los desvaríos de un loco, Ana se da cuenta de lo que está ocurriendo. Se percata. Se fija. En este momento habría podido callar, pero la profecía de la que es portadora la anima a difundir de inmediato la noticia a todos los que, con ella, esperaban la salvación para Jerusalén.

> La espera de ayer, cumplida hoy, impulsa un nuevo futuro.

Esta anciana se convierte entonces en una primera evangelizadora, involucrando a toda una multitud en el anuncio: la espera de ayer, cumplida hoy, impulsa un nuevo futuro *para todos,* un futuro compartido. Así debe ser. Ana sabe que la espera «concluida» con el nacimiento de Jesús en realidad ha sido solo renovada, porque crece, se desplaza, se transforma, como hace el mismo Jesús. La anciana profetisa hace observar a todos que es necesario seguir esperando, *a-tendiendo,* estar inclinados hacia el Mesías que se espera. Aguardar, atender, es un estilo de fe.

La suegra de Simón

Volver a lo cotidiano

(Mc 1; Lc 4)

Aparte de las pocas narraciones sobre la natividad recogidas en los Evangelios de Lucas y Mateo, el resto de las páginas del Nuevo Testamento hablan de un Jesús adulto, que nunca deja de ser el centro de la fe cristiana. Un Jesús de casi treinta años que frecuenta sobre todo la zona cercana al lago de Galilea, su hogar. No está solo. Está unido en particular a dos parejas de hermanos, todos ellos pescadores: Simón y Andrés, y Santiago y Juan. Estos cuatro son los primeros que siguen de verdad a Jesús, confían en él y le prestan ayuda. Un sábado están en Cafarnaún, y Simón y Andrés le invitan a su casa. Antes de comer van a la sinagoga, y ocurre algo: un hombre poseído señala a Jesús como el santo de Dios, él expulsa del hombre al espíritu impuro y le ordena que no diga nada. Pero la gente murmura, y la fama de Jesús se extiende.

Mientras dejan la sinagoga, también los pescadores deben estar en ascuas. En cuanto cruzan el umbral de la casa, le hablan a Jesús sobre la suegra de Simón, que ese día está con fiebre. Una mujer anónima, con una enfermedad anónima, pero que, evidentemente, goza del afecto de los cuatro discípulos, que están tan preocupados por ella que le hablan de ella al Maestro. A pesar del estereotipo de suegra, es una mujer muy querida. Con ella se adquiere un primer vistazo de la familia de Simón, que tiene, pues, una mujer (en la Primera carta de Pablo a los Corintios 9,5 se nos dice que comparte con él su misión) y que quizá tenga hijos; en definitiva, una red de relaciones familiares que entretejen su día a día. Su casa, como toda casa, es un lugar común y corriente, con los imprevistos ordinarios y los sentimientos ordinarios. También los gestos de Jesús son, pues, ordinarios: se acerca a la mujer y la pone en pie, ayudándola él mismo. «Ponte en pie», «levántate», es una expresión que alude directamente a la resurrección. La suegra de Simón se siente realmente como devuelta a la vida. La fiebre se disipa y ella se pone a servir a sus huéspedes con toda su energía.

No sabemos si solía hacerlo o si ese papel es algo novedoso para ella, pero lo cierto es que no ha sido curada para ello. Ante su curación, que es **inesperada** y **gratuita**, su reacción es un «plus» que extiende la bondad recibida a todo el que está a su alrededor: precisamente la mujer que estaba enferma se pone ahora a trabajar, precisamente la más anciana y la más débil de entre los presentes es ahora la más indicada para servirlos. En el cristianismo, por otro lado, *servir* es el gesto de quien da testimonio del Evangelio y en esto es reconocido públicamente por la comunidad. De modo que la suegra de Simón se convierte en maestra para los discípulos y discípulas de todos los tiempos, llamados a ser sanados en las cosas cotidianas y a servir con autoridad en lo ordinario.

La viuda de Naín

Palabras que salvan

(Lc 7)

Lamentablemente no es difícil recordar ciertas fotografías de padres desconsolados que se inclinan sobre los cuerpos exánimes de sus hijos. A menudo proceden de escenarios de guerra, pero de alguna manera la muerte de un niño es siempre brutal, aunque se deba a causas naturales. En la carne de las mujeres y los hombres que presencian la muerte de sus hijos se materializan ciertas imágenes del Evangelio.

Se habla de una madre que llora en la ciudad de Naín, cerca de Nazaret. No tiene nombre, lleva solo el nombre de madre desesperada. Está sola, ha perdido a su marido y ahora han pasado unos días desde la muerte de su joven hijo: ha llegado el momento de despedirse de él. Una procesión sale, del pueblo, siguiendo el ataúd del niño hacia el lugar de la sepultura.

En ese mismo momento otro numeroso grupo de personas se está dirigiendo hacia Naín junto a Jesús, un desplazamiento como muchos otros, informal. En un punto concreto ambos cortejos, tan diferentes, se cruzan, y posiblemente algunos de los discípulos se hayan echado a un lado para dejar pasar aquel desfile de sufrimiento, con la cabeza agachada en señal de respeto. Ante muertos desconocidos, ¿qué más se puede hacer, que bajar los ojos con pudor y guardar silencio? Pero Jesús no se retira, sino que observa, cruza su mirada con la de la viuda que está ahí, llevando un segundo luto, se deja conmover por su dolor y, con valentía, decide hablar con ella.

Le dice: «¡No llores!». Esta única palabra, que parece imposible e inútil, genera una corriente de otras palabras de bendición.

Porque Jesús dice luego: «Niño, a ti te lo digo, ¡levántate!», y el muerto se sienta y comienza a hablar.

Son un misterio las palabras que dice este niño que acaba de ser devuelto a la vida, pero deben haber sido muy poderosas: han atravesado la muerte. Sí, Jesús devuelve también la palabra a los muertos, porque nadie, ante él, está privado de voz.

De este modo las palabras de vida se multiplican en la boca de cuantos han presenciado la escena. Dicen:

«Un gran profeta ha surgido entre nosotros», «Dios ha visitado a su pueblo». La única que permanece en silencio es la mujer, quizá desconcertada, entre el agradecimiento y la alegría, abrazada a su hijo, rodeada del cariño de la gente. Ella está callada, pero todas las palabras que se pronuncian tienen que ver con ella. Todo ha surgido de la compasión que Jesús ha tenido con ella, su dolor está en el centro, la realidad está en el centro. No se trata de devolver la voz solo a los muertos, sino también a quienes se han quedado sin palabras, a las personas abatidas y solas como la viuda de Naín.

Los cristianos y cristianas no permanecen callados ante la muerte y el dolor. Creen con un dramático realismo que una palabra puede salvar vidas.

La elección de la figura de la viuda de Naín está inspirada por las palabras que pronunció el arzobispo de Kiev el 26 de febrero de 2022, pocos días después del estallido de la guerra de Ucrania: «Se dice que en tiempos de guerra las Musas guardan silencio. Puede que las Musas guarden silencio, pero nosotros, los cristianos, nosotros, las personas, no tenemos derecho a guardar silencio. Nadie tiene derecho a guardar silencio, porque con una palabra se pueden salvar vidas. Pero el silencio puede matar».

La hemorroísa

La sangre no cuenta

(Lc 8; Mc 5)

Abrirse paso entre la multitud no es fácil, sobre todo si estás tratando de no perder de vista a una persona que tiene prisa. Y Jairo, jefe de la sinagoga, tiene mucha prisa: su hija de doce años está muriendo, y lo ha intentado todo, pidiéndole a Jesús que intervenga. Ahora le está llevando a su casa… ¡pero avanzan muy despacio! Además, todas las personas que están allí han acudido por Jesús, lo rodean.

Hay una persona en particular, una mujer sin nombre: también ella está ahí para ir a por todas. Lleva enferma desde hace doce años, los mismos que la hija de Jairo, pero no tiene un padre solícito que interceda por ella. Durante un tiempo fue una mujer acomodada, pero agotó todo su dinero buscando un remedio para su enfermedad. Los médicos no la ayudaron, al contrario: la hemorragia que la afligía se hizo continua, mucho más que antes. Esto supone para ella un doble problema: las hemorragias no solo le provocan un daño físico, sino que además la hacen impura, con lo que está excluida del culto. Las mujeres hebreas lo saben bien: durante el periodo menstrual quedan alejadas de la vida pública, y nadie lo sabe mejor que esta mujer que debe secar constantemente su sangre. Está impura siempre. Y probablemente esté siempre sola: la impureza se transmite por contacto, y no es fácil tener al lado a una persona que cada vez que te toca te obliga a purificarte con baños rituales.

En una situación así, la hemorroísa debe haber hecho un sensato balance coste-beneficio antes de decidir mezclarse entre la multitud. No quiere causar molestias, tocará con discreción el manto de Jesús y se curará, nadie se dará cuenta de nada y las personas con las que choque por el camino no se percatarán de que han contraído una impureza hasta por la noche. Pero no ha tenido en cuenta un detalle: para Jesús todas las personas valen mucho, y él no puede «no percatarse» de ella. Lo cierto es que en el momento en que lo toca (¡y se cura!) Jesús vuelve su mirada a su alrededor y pregunta quién ha sido. Los discípulos ironizan: hay gente por todas partes, ¿quién *no* le habrá tocado? Pero entre tanto la mujer se adelanta y, temblando, le explica lo que ha pasado. No ha hecho nada malo, pero está conmocionada: acaba de recuperar la vida después de doce años de muerte social... ¡Ha resucitado! Jesús le responde: «¡Hija!». Para él, si hay algo que esta mujer ha hecho, es obligarlo a un vínculo de parentesco.

Mientras Jairo espera impaciente a que Jesús se reúna con él para salvar a su hija, el Maestro ha encontrado en la calle a otra «hija» que quiere salvarse, independientemente de sus lazos sanguíneos. Al establecer un contacto con él, por repentino y fugaz que haya sido, la sangre ya no cuenta: ni la de la hemorragia ni la que establece los vínculos de parentesco. «Tu fe te ha salvado», observa Jesús, y parece casi sorprendido mientras mira a esta mujer que ha decidido no ser ya una desconocida para él.

El Maestro ha encontrado otra «Hija».

La panadera

Una parábola sobre el reino de Dios

(Lc 13; Mt 13)

¿Cómo funciona el reino de Dios? Jesús lo cuenta por medio de comparaciones, combinando diferentes imágenes. Así que, imaginemos que una mañana una mujer se levanta a primera hora y entra en la cocina. En el silencio que reina, se pone el delantal en la cintura y comienza a hacer el pan. ¿Pan? Es un poco pronto para decirlo: sobre la tabla de amasar hay veinticinco kilos de harina, una cantidad definitivamente exagerada para ella sola. Sea cual sea la receta del día, es la harina la que establece cuántas personas van a comer, y ella está preparando pan para muchos. La mujer añade levadura, luego agua, mucha agua. O quizá sea leche, y puede que haya otros ingredientes: miel, dátiles, higos. Quién sabe. En la penumbra se la ve solo amasar pacientemente con las dos manos. Finalmente coloca la masa bajo un paño de cocina y la deja reposar hasta que haya subido completamente. Debe subir *toda* la masa, y ella, entre tanto, se sienta a **esperar**, y entrecierra los ojos.

Lo que ocurre después se deja a nuestra imaginación: el pan recién salido del horno, el aroma, la mesa puesta, las manos que parten la corteza crujiente y llevan un pedazo a la boca. Pero para Jesús es suficiente detenerse en la masa hinchada y todavía cruda para decir algo sobre el reino de Dios: «Es como la levadura que una mujer pone en tres medidas de harina hasta que fermenta toda la masa». El reino de Dios siempre se parece a algo que cambia, a una historia que se desarrolla, «se parece a un hombre que...», «se parece a un grano de mostaza que...». No se trata de una correspondencia clara, de una metáfora sencilla, de una imagen. No es solo «un hombre» o «un grano de mostaza»; lo importante es lo que hacen, aquello en lo que se convierten. En estas historias, dondequiera que se desee vislumbrarlo, Dios se oculta siempre en un personaje que cambia, capaz de adaptarse y confiar, como hace, por ejemplo, un sembrador.

En esta ocasión, la imagen de Dios está en femenino, Dios que no está parado, mano sobre mano. Como consecuencia lógica, su reino tiene que ver con un **crecimiento** exponencial, una fermentación deseada y preparada, pero no controlada maniáticamente... ¡La panadera confía en la levadura y en el tiempo de reposo! En definitiva, paradójicamente, confía en la historia y, sobre todo, en Dios. Si todo sale bien, habrá una transformación: cuando la masa haya subido, ya no será levadura y harina, sino otra cosa. Los ingredientes se han mezclado tanto que es imposible distinguirlos, y ahora la masa sube, hora tras hora, bajo el paño de cocina.

En realidad, mientras el reino de Dios acontece, nadie será como era antes. Ni siquiera la Iglesia: si en esta parábola quiere desempeñar el papel de la levadura, debe estar dispuesta a cambiar con la harina. Y también todo creyente debe aprender a acatar las transformaciones, como hace una panadera, como hace Dios.

El ama de casa

Una parábola sobre
la misericordia de Dios

(Lc 15)

Las parábolas de la misericordia se cuentan, sin duda, entre las páginas bíblicas más narradas a los niños y niñas. Tardes enteras dibujando al padre misericordioso, interpretando al hijo pródigo, pegando algodón blanco sobre una cartulina que representa la oveja perdida. Narraciones que acompañan también al imaginario adulto de la fe: ¿quién no tiene en mente el cuadro de Rembrandt en el que el Dios Padre que abraza al hijo tiene una mano femenina y otra masculina? Y muchos recordarán el logo del Jubileo de la Misericordia (en 2015-2016), con el buen pastor que lleva a hombros a un hombre en lugar de una oveja.

Dos personajes –el padre misericordioso y el pastor– están profundamente unidos entre sí, tanto que parece extraño hablar de uno sin hablar del otro. Como sabemos, ambos transmiten la imagen de un Dios que supera toda expectativa de acogida y generosidad, dejando de lado el sentido común en favor de un amor sin límites.

Pero en el Evangelio de Lucas estos dos relatos no aparecen uno detrás del otro. Hay unos versículos que separan el relato de la oveja perdida del relato del hijo pródigo y su hermano: se trata de una tercera parábola que suele pasarse por alto y que pocas veces se representa (es difícil recordar un cuadro famoso que la represente).

Y es la siguiente: una mujer tiene diez monedas. En un momento dado, se da cuenta de que ha perdido una —quizá mientras las contaba o las cambiaba de sitio— y está segura de que está en algún lugar de la casa. Puede haber ido a parar a cualquier lugar: quizá se haya deslizado por una grieta del suelo (que, desde luego, no es de baldosas porcelánicas lisas), o haya rodado bajo una alfombra o un mueble. El sol ya se ha puesto, no se ve nada. Ninguna persona sensata se pondría a buscar una moneda en la oscuridad, sobre todo si sabe que podrá encontrarla más fácilmente al día siguiente, con luz. ¿Por qué tanta prisa? Si está en casa, ¡tarde o temprano aparecerá!

Pero, curiosamente, la mujer enciende una lámpara y se pone a limpiar toda la casa, de un rincón a otro, con tanta premura que acaba encontrando la moneda. La mujer (que en la parábola es Dios) no ha esperado al amanecer para emprender la búsqueda del tesoro.

Ahora ya puede guardar las diez monedas en una bolsa y por fin acostarse. ¡Pero no! Llama a sus amigas y vecinas para que lo celebren con ella. Es una ama de casa un tanto peculiar. En realidad, en ningún sitio se dice que es una ama de casa: el hecho de que tenga dinero y no esté acompañada por ningún hombre hace más probable pensar que desempeña algún trabajo. Pero aquí optamos por llamarla así, «ama de casa», porque el término respeta la dinámica de la escena y porque resulta especialmente desconcertante junto al nombre de Dios.

Tratemos de pensar en el Señor como un ama de casa infatigable, que tiene tanto cariño a sus tesoros que, aunque sabe que están «ahí, en algún sitio», pone la casa patas arriba con tal de no dejarlos en la sombra. Es hermoso, tranquilizador...

Pero, si bien no nos resulta extraño orar a «Dios, padre misericordioso» o a «Dios, buen pastor», suena casi un poco blasfemo decir «Señor, diligente ama de casa». Seguramente escuchar a Jesús tenía un efecto parecido: causaría desconcierto. Es una buena razón para redescubrir esta parábola, capaz de desconcertarnos y de mostrarnos lo pequeña que es nuestra idea de Dios.

La viuda importuna

Una parábola sobre la oración

(Lc 18)

Mientras Jesús camina hacia Jerusalén con fariseos y discípulos, el argumento clave es el reino de Dios. En un determinado momento el Maestro parece cambiar abruptamente de tema (¿quizá alguien le ha hecho una pregunta?) y empieza a contar una parábola «sobre la necesidad de orar siempre sin cansarse».

Es una historia de justicia: un juez que no teme a Dios y no respeta a los demás recibe un día a una viuda que solicita sus servicios. Él, quién sabe por qué, no quiere ayudarla, y ella se ve obligada a insistir mucho para obtener un sí. De modo que los dos protagonistas son el uno antítesis del otro. Por una parte, hay un juez, hombre de poder por antonomasia, capaz de manipular las leyes y decretar la vida o la muerte de la gente; por otra parte, hay una viuda, la persona más débil e indefensa que se pueda imaginar, sin dinero ni un varón que la respalde, totalmente dependiente de los demás. Quien escucha a Jesús se ve tentado a designar enseguida los papeles: el juez será Dios, y la viuda seremos nosotros.

La pobre se encuentra en una situación difícil, pero el juez la deja en la estacada durante largo tiempo, y ella sigue insistiendo, cada vez más cansada y necesitada. Al final (¡pero solo al final!) la mujer obtiene lo que quiere. La capitulación del juez suena así: «Esta viuda me está molestando tanto que le haré justicia para que no venga continuamente a importunarme». Y el público de Jesús extrae la moraleja: el que la sigue la consigue. En definitiva, si oramos mucho y esperamos un poco, al final Dios nos escuchará, ¿no? Pero Jesús concluye la parábola con un brevísimo comentario que, como de costumbre, desplaza el foco un poco más allá de las expectativas. «Considerad lo que dice el juez injusto. ¿Y no hará Dios **justicia** a sus elegidos, que claman a él día y noche? ¿Les va a hacer esperar? Yo os digo que les hará justicia prontamente». Entonces, el juez no representa realmente a Dios. Representa más bien lo peor que le puede pasar a alguien que solicita que se le escuche, es decir, una persona que no está en absoluto dispuesta a acudir en ayuda de los demás… ¡como a menudo somos nosotros! Y si finalmente nosotros nos dejamos convencer y escuchamos a aquellos a quienes estábamos silenciando, Dios es capaz de una escucha bien distinta.

Menos mal: si Dios se pareciese al juez deshonesto, debemos admitir que no encontraría a nadie con la fe y la perseverancia de la viuda. «El hijo del hombre, cuando venga, ¿encontrará fe en la tierra?», pregunta Jesús, y todos a su alrededor quedan sin palabras. Es una pregunta retórica, que ya alberga en sí misma la respuesta: «No, no la encontrará». Nosotros, que ni siquiera sabemos escuchar como el juez, no seremos tampoco capaces de pedir con la intensidad de la viuda. Pero, precisamente por eso, es necesario orar siempre. No porque Dios amo se ablande, sino para que nos ablandemos unos a otros **aprendiendo** de él. Orar significa aprender a escuchar a las viudas que somos hasta saber escucharnos *prontamente*. Porque prontamente es como Dios lleva a cabo su reino.

Herodías y su hija

La bandeja

(Mc 6; Mt 14)

Herodías quiere la cabeza de Juan el Bautista. Aquel maldito profeta se está entrometiendo en su matrimonio. Sí, ha pasado de un Herodes a otro, ¿y qué? Herodes es un nombre extendido en su familia, uno se puede confundir: se llaman así su suegro, su marido y su cuñado. Herodes el Grande (el que trató de matar al niño Jesús) llamó Herodes a dos de sus hijos, y ella se casó con los dos: primero con Herodes Filipo, con quien tuvo una hija, y luego con su hermano Herodes Antipas, mucho más poderoso, y además tetrarca. Él había ganado más derechos sobre la herencia, y todos estaban contentos.

Pero Juan se ha puesto a decir que, según la ley de Israel, está prohibido casarse con la mujer del hermano. De manera que también está prohibido volver a casarse cuando el primer marido sigue vivo y cuando, además, se tienen hijos con él, y estos serían motivos adicionales de ilegalidad, pero Juan el Bautista se ha centrado en uno solo, y ha bastado para descubrir las maquinaciones políticas de Antipas y Herodías. Los poderosos pueden pasar completamente por alto la condena moral, pero no si se corre el riesgo de arruinar sus planes. En definitiva, Herodías está furiosa. Así que Antipas manda arrestar a Juan, pero no quiere matarlo, en parte porque le considera un personaje interesante a quien escuchar, pero en parte también porque sería absurdo asesinar a alguien que tiene tantos seguidores. De modo que lo tiene ahí, en la cárcel, bajo control.

El día del cumpleaños del tetrarca, se celebra en palacio una fiesta por todo lo alto: comida, vino, música, y una gran multitud que ha acudido a adular a Antipas. En un determinado momento su hijastra, cuyo nombre no se menciona en los Evangelios, rinde un homenaje al festejado y baila para él. Cuando acaba la música, el tetrarca está extasiado y, haciendo alarde de generosidad, le promete recompensarla con cualquier cosa que le pida. La joven consulta con su madre y, sin la menor vacilación ante lo que le sugiere, pide al tetrarca la cabeza de Juan el Bautista. Tan solo añade una condición a lo que su madre había decidido: que le lleven la cabeza en una bandeja. No quiere tocarla, no quiere mancharse las manos. Esa sangre no tiene nada que ver con ella. El rey se lo había prometido, así que ordena decapitar a Juan.

Poco después un guardia entra en la sala con la cabeza cortada del profeta sobre una bandeja. Se la entrega a la joven, que enseguida se la da a Herodías. Protegida por la bandeja, la joven ni siquiera parece darse cuenta de lo que ocurre. Anónima y necia, acepta sin cuestionar la idea de su madre, no le opone resistencia. Se siente inocente: no ha ganado nada con la decapitación de Juan, ni ha tocado siquiera su cabeza. Es la banalización del mal, la que nos exime de nuestra responsabilidad personal pensando engañosamente que obedecer a otro, aunque sea nuestra propia madre, es justificación suficiente. Es así, principalmente, como mueren los profetas.

> La joven se siente inocente. Esa sangre no tiene nada que ver con ella.

Las mujeres en la multitud

Excluidas del recuento

(Mt 14)

Hay personajes bíblicos que son, sencillamente, actores secundarios. A veces carecen de historia, a veces no tienen nombre, a veces pasan casi desapercibidos. Es el caso de las mujeres, no se sabe cuántas, las que se encuentran un día, juntas, en un lugar indeterminado en la orilla del lago de Galilea. Seguramente algunas de ellas lleven a sus hijos de la mano, manchados con el polvo del camino: son personas que vienen de la ciudad, han ido hasta allí a propósito. Han oído que Jesús estaba cruzando el lago y no han querido perder la ocasión de encontrarse con él, o al menos de verlo de lejos. Y, sí, en efecto, en el agua hay una barca, que cada vez se acerca más a la orilla hasta atracar.

Jesús baja con sus discípulos y se conmueve al ver esta muchedumbre inesperada. Ha ido allí para estar solo, con la cabeza llena de dolorosos pensamientos sobre la muerte de su primo Juan y sobre otros temas delicados, pero ahora ya no importa: estas personas tienen preferencia. Se pone a hablar con ellos, cura a algunos que estaban enfermos, quizá una suegra sostenida por su nuera, o una niña en brazos de una mujer pariente suya. Se queda con ellos durante horas, hasta el anochecer, y en ese momento se le acercan los discípulos y le indican que de allí no se va a ir nadie si él no los despide. Es él quien debe pedirles que se vayan, y pronto, porque es la hora de la cena.

Pero Jesús no lo cree necesario: los propios discípulos proporcionarán alimento para todos, y así podrá quedarse un poco más. Ellos se muestran escépticos. Solo tienen cinco panes y dos peces, poco más que una merienda. Jesús pide que se lo lleven, luego hace sentar a la multitud, que es un problema para todos: hay que encontrar un sitio, instalarse. Bendice el pan, lo parte y se lo da a sus discípulos, que comienzan a repartirlo… Nadie se queda con hambre. Comen de él un número indeterminado de mujeres y de niños, y más de cinco mil hombres: de estos sí se conoce la cifra exacta.

«Cinco mil, sin contar las mujeres y los niños», dice el Evangelio. También en la sinagoga se contaba así: las celebraciones comenzaban al menos con diez varones adultos, y a las mujeres no se les tenía en cuenta para el cálculo. Así pues, Jesús está inaugurando un nuevo culto. Pero no se trata solo de esto. Las mujeres que se añaden a los cinco mil no son únicamente secundarias. Su presencia enfatiza también el sentido del gesto de Jesús: exceder siempre, y no olvidarse de nadie. Para confirmarlo, después de que cada uno y cada una (!) hayan comido, sobran doce cestos: doce, como las tribus de Israel, porque todo el pueblo de Dios ha sido considerado comensal de esa mesa. No hay multitud sin ese «más» de quienes no se han incluido en las cuentas y, ante la duda, se añade a los (y las) ausentes. De vez en cuando a todas las comunidades cristianas les viene bien fijarse en que el Señor da alimento también fuera de sus límites. Fijarse en que la multitud es más numerosa de lo que podemos contar. No son cinco mil, sino más.

La cananea

Antes o después

(Mc 7; Mt 15)

En el frenesí de su jornada, también Jesús busca algún momento de tranquilidad, lejos de todo y de todos. Por eso se dirige al norte, más allá de la región de Galilea, y se aloja en casa de alguien, donde espera poder pasar un tiempo tranquilo: solo él y unos pocos amigos, por fin. Pero una mujer tiene una emergencia. La vida empuja, como siempre. Se trata de una cananea procedente de Siria; su lengua materna no es la de Jesús, y también su religión es diferente. No es la primera vez que Jesús se encuentra con alguien fuera de sus fronteras geográficas y de fe: ya ha curado al criado de un centurión pagano (cf Mt 8) y ha liberado al endemoniado de Gerasa (cf Mc 5). Pero quien tiene ahora delante es una mujer, y es madre de una hija endemoniada, y se presenta ella sola, sin la mediación de un marido o un padre para mantener las convenciones sociales. Entre ella y Jesús hay una distancia abismal: de nacionalidad, de credo, de sexo, de situación, de vida... La mayor diferencia que puede haber.

Y esa gran concentración de **otredad** entra en la casa en la que Jesús se hospeda. La mujer podía haber esperado a que Jesús saliese, pero se anticipa, perturbando su estancia. Al igual que él ha sido acogido en la casa, también la mujer cananea le obliga a «acogerla» durante un instante. Una falta de discreción que solo puede justificarse por la urgencia de una petición, probablemente el último de muchos intentos infructuosos: su hija está enferma, tanto que incluso un extranjero judío se convierte en un candidato idóneo para ayudarla.

La mujer se arroja a los pies de Jesús, hace su súplica y en lo más álgido de su dolor le escucha decir: «Deja que se harten antes los hijos, que no está bien tomar el pan de los hijos para echárselo a los perrillos». Para los judíos, los «perrillos» son los paganos: una metáfora que es como un bofetón. Jesús ha obviado la oración de la mujer y en cambio ha pronunciado una especie de regla de salvación, «antes los hijos», que ahora la obliga a darse ella misma la respuesta. Por otra parte, ella sabe bien qué significa tener una hija y darle prioridad, y sabe también que una prioridad no detiene la vida ni elimina los demás problemas: alrededor de los hijos siempre hay algún otro por el que de vez en cuando hay que preocuparse, algún otro que reclama atención. Ese es el único punto de contacto entre ella y Jesús: su conversación implica mucho más que a dos personas, porque ambos son responsables de otros.

Así que la mujer piensa que también para Jesús cualquiera es «hijo», y no se convierte en «primero» por mérito propio. Pero después de un «primero» hay un «después», además de los hijos hay otros **huéspedes**, más o menos gratos. Ella misma, que ha llegado a esa casa para mendigar ayuda, se encuentra en esa posición. Al reconocerlo con honestidad, reclama lo que le corresponde: «También los perrillos comen». En definitiva, antes o después todos comen. Y por esa fe tan grande, le dice Jesús, tu hija es liberada.

La madre de Santiago y Juan

Hija del trueno

(Mt 20; Mc 10)

De Galilea a Jerusalén hay varios días de camino. Jesús recorre ese camino acompañado de muchas personas y encontrándose con otras que han acudido expresamente o que se hallan allí por casualidad. A lo largo del camino, a veces, aprovecha la ocasión para hablar con mayor intimidad con los Doce, que no parecen tener muy claro lo que está a punto de suceder. Por eso, cuando están cerca de Jerusalén, el Maestro los lleva aparte y les repite (ya lo había hecho en otras dos ocasiones) que, una vez que entren en la ciudad, lo van a arrestar y a crucificar, y luego resucitará. Los Doce no replican, y el grupo se dispersa de nuevo por el camino, mezclándose discípulos y discípulas. En torno a Jesús no hay lobos solitarios, sino tupidas redes de relaciones de familiares y amigos.

En la pequeña multitud que acompaña al Nazareno también está la madre de Santiago y Juan, pescadores de Galilea, que fueron unos de los primeros seguidores de Jesús. Es precisamente ella la que, poco después, se presenta ante Jesús junto a sus dos hijos, dispuesta a pedir para ellos una consideración especial. Su presencia es un buen modo de evitar que los dos hermanos sean acusados de carrerismo y de hacer creer que, en el fondo, la reivindicación que está a punto de ser pronunciada es «idea de mamá».

Al principio Jesús le presta atención a ella: «¿Qué quieres?». Una escena regia: la mujer con su prole se inclina ante el soberano y se siente escuchada. Jesús le sigue el juego, y ella continúa en esa misma dirección, sin darse cuenta de que hay una gran diferencia entre el rey que ella tiene en mente y el rey que Jesús quiere ser. «Di que estos dos hijos míos se sienten uno a tu derecha y otro a tu izquierda en tu reino». Dice «reino...», un completo malentendido. Pero en ese momento Jesús se dirige directamente a los interesados, que no se muestran avergonzados por lo que ha pedido su madre. Es evidente que es harina de su saco: deben haberlo pensado poco antes, mientras Jesús hablaba de crucifixión y resurrección. En resumen: no han entendido nada. Mientras el Maestro se pone a hablar pacientemente con los dos apóstoles, su madre permanece en silencio, y el lector tendrá la tentación de eclipsarla mentalmente de la escena. Pero ella está ahí, asiste a toda la conversación.

Aunque en el Evangelio de Mateo el vínculo entre Jesús y los Doce se resalta mucho, algunas fugaces apariciones femeninas muestran que en torno al Maestro hay una comunidad muy variada por sexo y edad. Esta mujer es una discípula, ambiciosa y atrevida por sus hijos, pero no por eso menos fiel. Como ellos, a quienes, según el evangelista Mateo, Jesús llama «hijos del trueno», también ella se encuentra con la imagen de un Mesías impotente. Ella misma es un poco «hija del trueno», con su carácter impetuoso y una fe que bulle y retumba. No es casualidad que esté luego a los pies de la cruz, junto a María Magdalena y la otra María.

La anónima madre de Jesús

No solo María

(Jn 2 y 19)

Posible pregunta de un concurso televisivo de verano: «¿Cómo se llama la madre de Jesús en el Evangelio de Juan?». Pánico del concursante: sabe perfectamente cómo se llama, pero ahora tiene la duda de si el evangelista le ha atribuido otro nombre. Piensa y repiensa, y al final se fía de su memoria y responde: «María». Instante de *suspense*... Respuesta equivocada, el público no se lo cree. Pero lo cierto es que es así: en el cuarto Evangelio, la mujer es anónima. Si solo hubiese llegado hasta nosotros el relato de Juan, en lugar de «Ave, María» diríamos «Ave, madre».

Sí, es «la madre de Jesús» la que indica a su hijo que el vino se ha terminado, en las bodas de Caná. Es a ella a quien Jesús dice: «¿A ti y a mí qué, mujer? Mi hora todavía no ha llegado», y es también «la madre» la que invita a los criados a hacer todo lo que Jesús les diga. «La madre» permanece a los pies de la cruz, junto a otras mujeres y al discípulo amado. Jesús, moribundo, la confía a este último («Mujer, ahí tienes a tu hijo») y luego le confía él a ella («Ahí tienes a tu madre»).

¿Casualidad? ¿Despiste del evangelista Juan? Todo lo contrario: la ausencia del nombre es una decisión intencionada. Su ausencia lleva a todos a preguntarse quién es este personaje, de quién se está hablando. ¿Tiene Jesús una madre oculta de la que no sabemos nada? María le ha dado a luz físicamente, pero es verdad que hay otra «madre» que le ha dado a luz en la fe y lo ha acompañado a lo largo de los años... ¡Israel! En este pueblo y en esta tierra Jesús ha venido al mundo y ha crecido, y, al igual que se hace con un padre, ha ocupado luego, con trabajo, su propio lugar, sin por eso dejar de amarlo y visitarlo. Su relación con el pueblo hebreo está formada de gratitud y de crítica, de cariño y de declaraciones de independencia, como ocurre entre una madre y su hijo.

«¿A ti y a mí qué, mujer?»

Por eso, en Caná de Galilea, la madre preocupada porque el vino se ha agotado no es solo María, sino también Israel, que se da cuenta de que se está agotando la esperanza y la alegría. Jesús le pregunta, provocativamente: «¿A ti y a mí qué, mujer?», pero luego les proporciona otro vino, otra alegría, mostrando que su relación sigue siendo íntima. La fiesta no ha terminado para Israel. Y a los pies de la cruz, junto a María madre de Cleofás, María Magdalena y otra mujer, no está solo María de Nazaret, sino también «la madre» que es Israel. Ella sabe reconocer a los discípulos como sus hijos adoptivos, y a su vez confía en la Iglesia naciente para que no se pierda nada. «Desde aquel momento el discípulo se la llevó con él», dice el Evangelio. La disponibilidad de la comunidad cristiana hacia la religión de Israel es completa y necesaria desde el primer momento. Nada de lo que Jesús dijo o hizo queda perfectamente claro sin el credo judío. Jesús es judío hasta la médula, y los cristianos no podemos renegar de «la madre».

María de Betania

Complejidad

(Lc 10; Jn 11-12)

Una tarde Jesús y los suyos entran en casa de dos hermanas con las que, evidentemente, deben tener una
cierta confianza. Una de ellas, Marta, centrada en los
deberes de la hospitalidad, se pone a servir a quienes
han llegado junto al Nazareno. María, en cambio, que
como dueña de la casa tendría que implicarse de igual
manera en los deberes de recibimiento de los huéspedes, se sienta junto a ellos, a los pies de Jesús. Marta le dedica una mirada de impaciencia. «Sentarse a
los pies» es lo que hacen los alumnos que escogen un
maestro y pueden interrumpir todas las demás actividades para dedicarse al estudio de su palabra. El gesto
de María es, por tanto, el gesto de una mujer bastante
osada, que ocupa un lugar entre los discípulos y que no
hace lo que se esperaría de ella. Y efectivamente Marta

no duda en quejarse ante Jesús. Pero Jesús le responde que María «ha escogido la mejor parte», porque a nadie se le arrebata la ocasión de ser discípulo, ningún rol social ni su sexo pueden impedírselo.

Marta mira a su **hermana** sentada en el suelo escuchando al Maestro, y sabe que María no es el emblema de la paciencia y de la docilidad, aunque sea así como se contará durante muchos siglos. No es una mujer pasiva: para aprender, para ser discípulos, no se puede ser pasivos.

Esto se desprende también en otro momento de su vida, que se recoge en el Evangelio de Juan. Se trata del luto por su hermano Lázaro. Jesús ha tardado en acudir a su lecho, y cuando María se entera de que por fin ha llegado, sale de casa y va a su encuentro. Llega a su lado, se echa a sus pies (de nuevo) y no se contiene a la hora de expresar toda su desilusión: «Señor, si hubieras estado aquí, mi hermano no habría muerto». Es tan grande la **fuerza** con la que habla y llora, que también el Maestro se siente profundamente conmovido. También él derrama lágrimas junto con las hermanas, frente a la tumba de su amigo.

Después Lázaro es devuelto a la vida, y la comunidad celebra su regreso en torno a una mesa abundante. María se acuclilla de nuevo a los pies de Jesús, pero esta vez para ungirle de nardo perfumado, en un gesto que anticipa su muerte. Aquí adopta el papel de profetisa. Pero, paradójicamente, con este episodio María se gana la fama de prostituta en muchas narraciones populares. Se debe a una gran confusión, porque en el Evangelio de Marcos (cf Mc 14) y en el de Lucas (cf Lc 7) se narra un acontecimiento similar: una mujer sin nombre entra en casa del fariseo Simón y, llorando, unge con perfume los pies de Jesús. Esa mujer no es María, es «una pecadora», dice el evangelista Lucas, que recibe el perdón «porque ha amado mucho». Pero el daño se hace enseguida: no solo generaciones de lectores identificarán a esta mujer con María, sino que darán además por descontado que su pecado es de naturaleza sexual. Para provocar aún mayor confusión, hay quien sugiere que se trata de María Magdalena (que todavía tiene menos que ver) hasta que, en el siglo VII, el papa Gregorio Magno coloca a las tres mujeres bajo el mismo nombre de María y les atribuye un único pecado sexual. Solución poco satisfactoria. No se sabe qué vida llevaban ninguna de las tres antes de conocer a Jesús.

No se puede banalizar a las personas, y esto es algo que debe ser protegido en nombre del Evangelio. Jesús no infravalora nunca la complejidad de las historias con las que se cruza, y nunca cambia un rostro por otro.

Por tanto, también María de Betania debe ser entendida de manera compleja, más allá de las etiquetas: no es esa mujer sumisa que no fue nunca; no es «la pecadora», que fue otra mujer; no es la Magdalena, que precisamente fue otra María.

Ella es: la hermana «disidente» de Marta, discípula a los pies de Jesús, mujer rota por la muerte de su hermano, profetisa mientras ungía a su Maestro.

Marta de Betania

Vayamos a ver

(Jn 11-12)

Jesús acaba de regresar de Jerusalén, donde ha corrido el riesgo de ser linchado por haber dicho que era el Cristo. Ahora está en el norte, en lugar seguro, y hasta allí le llega una noticia de la zona de Jerusalén: en Betania de Judea su querido amigo Lázaro está al borde de la muerte. Quienes le han enviado el mensaje son las hermanas del enfermo, Marta y María. Dada la relación que tiene con ellos, todos esperan que Jesús vaya corriendo a Betania... Pero se queda donde está durante dos días, y luego les dice a los suyos: «Vamos». Los discípulos están atónitos: después de lo que ha sucedido, es absurdo regresar al sur, ¡se juegan la vida! Jesús explica que la muerte de Lázaro ayudará a su fe, y Tomás ironiza: «Vamos nosotros también a morir con él». Pero con su sarcasmo está haciendo una hermosa

profecía: también los cristianos y cristianas de hoy se dicen mutuamente cada año litúrgico: «Vamos nosotros también a ver cómo se comporta este hombre Jesús ante la muerte, cómo se comporta este Dios ante la muerte».

Así pues, el Maestro y sus discípulos se ponen en camino. Cuando están llegando ya a la ciudad de Betania, Jesús ve que Marta está saliendo a su encuentro. Para reunirse con él ha salido del pueblo, se ha separado de su hermana y de los judíos que han acudido a consolarla. La presencia de Jesús la hace salir de casa y, al mismo tiempo, comienza a sacarla, a liberarla, de su dolor. Pero a Marta la mueve también la rabia y la decepción: «Señor, si hubieras estado aquí, no habría muerto mi hermano». Jesús la tranquiliza, le dice que su hermano resucitará, pero ella no está muy convencida: sabe que resucitará, sí, pero en el último día, al final del mundo. Un pobre consuelo, que entre tanto la deja triste y sola. El Maestro insiste: «Yo soy la resurrección y la vida. El que cree en mí, aunque muera, vivirá. ¿Crees esto?». La extraña coincidencia de muerte y vida que menciona Jesús es mucho más que la resurrección del último día. De modo que Marta responde mucho más de lo que se le ha preguntado: «Señor, yo creo que tú eres el mesías, el hijo de Dios que tenía que venir al mundo». Una elevadísima profesión de fe, la misma que hace Pedro en el Evangelio de Mateo («Tú eres Cristo, el Hijo de Dios vivo»). Marta es «la Pedro» del Evangelio de Juan, la autorizada discípula de la fe. Y, efectivamente, ahora es ella quien va a llamar a su hermana María para que salga y vaya al encuentro del Señor. Lázaro es devuelto a la vida ante sus ojos.

Jesús regresará a la casa de esta familia poco antes de Pascua, para cenar juntos, y Marta le servirá. Aunque es fácil imaginársela con un delantal y una olla humeante, hay que saber que el verbo griego «servir» *(diakonein)* indica una gran dignidad en las primeras comunidades cristianas, designa a las personas con **autoridad**.

En definitiva, Marta es una guía para quien camina en la fe. Ella hizo lo que Tomás no quiso hacer: ir a ver qué hace Dios con la muerte.

La viuda pródiga

Parábola viva

(Mc 12; Lc 21)

Quién es Jesús de Nazaret nadie lo sabe con certeza, y este es uno de los motivos por los que sus rivales lo miraban con recelo y los discípulos lo seguían con curiosidad. Hoy ha subido al Templo de Jerusalén y se ha puesto a enseñar como si fuese un maestro de la Ley. ¿Quién se cree que es? Su voz se eleva sobre el rumor de la gente; solo a veces se ve sofocada por el estruendo de las monedas que se echan en alguna de las arcas del tesoro, cuando el metal choca contra el metal. Cuanto más elevada es la ofrenda, más resuenan las arcas en las que se recoge el dinero, y los devotos benefactores reciben (como debe ser) miradas de gratitud y admiración. Luego el rumor disminuye, y Jesús vuelve a hablar a la multitud que se ha reunido a su alrededor. Escribas y fariseos se entrometen, tratando de sorprenderlo en alguna palabra equivocada, pero al final les deja con más preguntas que respuestas. En la enésima discusión, Jesús dice claramente a quienes le están escuchando: «Guardaos de los maestros de la Ley, que solo quieren alardear y pavonearse».

Otro retumbe de monedas hace que se quede en silencio un segundo y, mientras espera pacientemente a que el eco disminuya, levanta la mirada y se conmueve con una escena. Hay una mujer que se está acercando al tesoro, está sucia y lleva ropa desgastada. Rebusca con las manos en los pliegues de su túnica hasta que saca un saquito, coge dos moneditas, las contempla un instante sobre la palma de su mano y las deja por fin caer en una de las arcas. Emite un sonido tan leve que apenas tintinean. Jesús hace un gesto con la mano a sus discípulos para que se acerquen, y les señala la mujer de hace un instante, que está desapareciendo ya entre la gente. «¿Alguien la ha visto?». Algunos sí, algunos no. Entonces Jesús describe la injusticia que acaba de hacerse: «Era viuda y ha dado todo lo que tenía, su vida entera». Todos comparten la amargura: ¿cómo se puede arrebatar a los pobres lo poco que tienen en nombre de Dios? ¡Esta religión está enferma!

Pero en las palabras de Jesús la mujer se transforma de víctima de injusticia en parábola viva. Es ella la que mejor ilustra quién es Jesús: alguien que no se exhibe como hacen los ricos fariseos, sino que dará «su vida entera» exponiéndose a la mayor de las injusticias. La religión enferma pide a los pobres que lo den todo por Dios, mientras que hay un Dios que lo da todo por los pobres, y ese es el Dios que Jesús anuncia. Es como si Jesús estuviese diciendo: «¿Alguien lo ha visto? Yo haré lo mismo... y también vosotros seréis llamados a darlo todo». Los discípulos fruncen el ceño: ¿deben aprender a seguir a Jesús de una persona que ni siquiera lo conoce? Porque lo cierto es que esa mujer no es una discípula, ni ha pedido una curación, sino que es precisamente una que «está fuera», no solo de toda posibilidad social, sino también de sus asuntos. Esa mujer resulta una provocación para ellos. Pero, por otra parte, ¿qué hace una parábola, narrada o viva, sino provocar, desvelando de forma inesperada quién es Dios?

La criada de Caifás

Adivina quién

(Mc 14; Mt 26; Lc 22; Jn 18)

¿Cómo se hace para reconocer a una persona? ¿O al menos para situarla, para conferirle una difusa identidad? Una ayuda puede ser el acento: la palabra a menudo desvela la procedencia. «Eres galileo», le dicen a Pedro quienes están con él alrededor de la hoguera en el patio del palacio de Caifás, el sumo sacerdote, donde Jesús acaba de ser llevado. Otra ayuda es la memoria: «¿No te he visto yo...?». Lo pregunta (cf Jn 18,26) uno de los criados del sumo sacerdote, que unas horas antes estaba en el monte de los Olivos y había presenciado el arresto de Jesús; el rostro de Pedro le resulta familiar.

Pero antes incluso de que alguien le escuche hablar o tenga tiempo de reconstruir los recuerdos sobre él, Pedro es reconocido por otro motivo. Efectivamente, en cuanto entra en el palacio, una criada dice: «Tú estabas con el Nazareno, con Jesús». «Eres uno de los discípulos de este hombre». Puede que también esta mujer hubiera ido a escuchar a Jesús en medio de la multitud, y quizá para ella el rostro de Pedro no fuera nuevo… Pero sorprende la velocidad con la que lo indica, mientras la luz de la hoguera hace bailar las sombras a su alrededor y distorsiona las facciones de los rostros. Más bien debe haberlo **reconocido** reflexionando: Jesús ha sido arrestado hace poco; Pedro, a quien ella no conoce, acaba de entrar en el patio y ella se ha enterado de los recientes acontecimientos. Y desde hace poco se está hablando de los discípulos del Nazareno, quizá incluso alguien se los haya descrito, o puede que sus superiores le hayan ordenado prestar atención a quien se presente en el patio esa noche.

Así, mientras el sumo sacerdote está interrogando a Jesús, la criada se convierte en inquisidora de Pedro. Mientras Caifás trata de extraer una falsa declaración de Jesús, la anónima mujer trata de sacarle la **verdad** a Pedro. Y la verdad es que él no puede esconderse tras sus orígenes galileos o su trabajo de pescador: ahora es, sobre todo, «discípulo de Jesús». Al escuchar esto, Pedro se sobresalta: «¡No lo soy!». En su lugar habla el miedo de un cambio de identidad, como cuando nos damos cuenta de que nos hemos convertido inextricablemente en esposo/esposa, madre/padre, hermana/hermano. Son cambios vertiginosos. Pedro se mantiene en su trágica negación hasta que el canto de un gallo lo devuelve a la realidad.

En el fondo, ser reconocidos como discípulos no es tan difícil, como demuestra Pedro, ni es garantía de un testimonio valiente. Es mucho más difícil lo que ha hecho la criada: reconocer a un discípulo atemorizado en la penumbra de una hoguera, sin haberle visto antes ni haberle oído hablar. Observar la realidad, reaccionar con agudeza es la mejor manera de percatarse de qué personas están de verdad junto a Jesús. Y hablar con ellas, preguntarles, e insistir, aunque su respuesta sea desalentadora.

La mujer de Pilato

La intuición

(Mt 27)

Poncio Pilato, procurador de Judea, tiene delante a un tal Jesús que ha sido llevado a la fuerza por los jefes de los sacerdotes. Acostumbrado como está a las maquinaciones de poder, comprende enseguida que este hombre le ha sido enviado por envidia, pero no tiene ni la más mínima intención de ponerse a desenmarañar las cuestiones religiosas entre los judíos. A él, gobernador romano, le interesa únicamente saber si este Jesús es peligroso políticamente, cuántos seguidores tiene y si quiere instigarlos contra Roma. Trata de obtener esta información del propio Jesús, pero en vano, así que se ve obligado a utilizar la astucia.

Es Pascua: según la tradición, ha de ponerse en libertad a un encarcelado que elija el pueblo. Pilato escoge cuidadosamente el «contendiente» de Jesús, un conocido criminal llamado Barrabás. Para Pilato, que es pagano, la decisión es muy sencilla: ¿quién iba a liberar a un homicida en lugar de a una especie de rabino sanador a quien algunos llaman Cristo? Jesús será liberado, piensa, y él podrá verlo regresar junto a sus discípulos. Si se demuestra que es un agitador, lo arrestará de nuevo. De manera que se sienta en la tribuna y pregunta a la multitud: «¿A quién queréis que os deje en libertad? ¿A Barrabás o a Jesús, a quien llaman el mesías?». Antes de que nadie diga una palabra, una criada se acerca al oído del procurador. El tiempo se detiene, Pilato escucha seriamente el mensaje: su mujer ha tenido un sueño muy agitado sobre Jesús y ahora ha enviado a alguien a decirle que «no tenga nada que ver con este justo». La gente confabula mientras espera, los líderes del pueblo hacen todo lo posible por ganar adeptos entre los indecisos. Cuando Pilato

Anónima y misteriosa, como su sueño.

vuelve a la realidad, repite la pregunta: «¿A quién de los dos?», y la multitud exclama: «¡A Barrabás!». Pero el procurador tiene en la cabeza las palabras de su mujer. «Pues, ¿qué mal ha hecho?», insiste. Y como respuesta de nuevo el veredicto: «¡Que lo crucifiquen!». En este momento Pilato se arrepiente y hace el gesto por el que más se le conoce: se lava las manos.

Pero su mujer permanece como una figura anónima y misteriosa, como su sueño, en suspenso a mitad de la escena del proceso. De ella solo se conoce su firme intuición: que Jesús es un «justo». En realidad, no sugiere a Pilato que «defienda» a Jesús, sino que no tenga nada que ver con él: ella es la primera que no se pone ni de un lado ni de otro, como después hará Pilato. Pero su «estar en el medio» es un mensaje confuso que también a nosotros se nos susurra al oído. Es también nuestra inquietud al darnos cuenta de que hay algo grave en la experiencia de la cruz, sin que sepamos decir qué es. Es nuestra también la parálisis del «quisiera huir, pero es demasiado tarde» con la que nos enfrentamos cada vez a la Pasión. El Jesús que hoy nos conmueve es plenamente hombre: es «un justo» que nos deja asombrados antes que el Cristo y el Resucitado.

Las miróforas

No perder el hilo

(Mc 15-16; Mt 27-28; Lc 23-24)

Viernes, nueve de la mañana. Sobre una de las cruces erigidas en el Gólgota cuelga «el rey de los judíos», o al menos eso es lo que dice la inscripción con el motivo de la condena. Otras dos cruces están reservadas a dos ladrones: su letrero fúnebre debe ser mucho menos interesante. Al rey de los judíos está dirigido el sarcasmo de todo el que esté por ahí: soldados romanos, jefes de los sacerdotes, los mismos ladrones crucificados con él. Durante las tres horas siguientes se le reprocha a Jesús todas las palabras de salvación que había pronunciado en los últimos tres años y que hoy parecen haber resultado falsas. A mediodía, moribundo, Jesús recupera el aliento de quién sabe dónde y exclama hacia el cielo el versículo de un salmo: «Dios mío, Dios mío, ¿por qué me has abandonado?».

A la debida distancia, donde los soldados permiten que se esté, hay quien observa la escena. No son los Doce, sino un grupo de mujeres que observan el sufrimiento de los cuerpos cubiertos de sangre y sudor. Su presencia allí es un escándalo. Es difícil saber cuántas son, pero seguramente muchas más de las esperadas. Algunas de ellas **seguían** y servían a Jesús desde que estaba en Galilea, y otras se sumaron a él en su viaje a Jerusalén. Ahí está, sin duda, María Magdalena. Y también otra María, la madre de Santiago el menor y de José, y una tercera mujer, una tal Salomé, que puede que sea la madre de Santiago el mayor y de Juan, y esposa de Zebedeo. Tres discípulas del primer momento que ahora contemplan, junto a las demás, lo que parece la derrota de su Maestro.

Cae la noche, el grupo se va disgregando. Pero María Magdalena y la otra María **se quedan**. Siguen con atención lo que ocurre en torno a la cruz, hasta que ven a un hombre descolgar el cuerpo de Jesús y envolverlo en un sudario. Puede que reconozcan el rostro de José de Arimatea, que, por otro lado, es miembro del sanedrín, así que es de todo menos desconocido. Lo observan mientras lleva el cadáver hasta un sepulcro y se asegura de que una gran losa de piedra cubra la entrada. Anotan mentalmente el lugar de la sepultura y luego se permiten volver a sus casas.

Al día siguiente, junto a Salomé, se acercan muy temprano al lugar donde han visto que depositaban el cuerpo de Jesús, y llevan consigo aceites perfumados. «Miróforas», portadoras de ungüentos. Son mujeres: el cuidado de los muertos les corresponde a ellas. Por eso la tarde anterior esperaron para conocer la ubicación de la tumba. Su papel social las ha convertido en testigos de todos los pasos de esta historia, y ahora también del último de ellos, inesperado: la losa está quitada, la tumba está vacía. Un ángel de Dios les dice: «¡No temáis! Sé que buscáis a Jesús, el crucificado. No está aquí. Ha resucitado». A pesar del asombro y del temor, las mujeres comprenden. No han perdido el hilo tras la vida terrena de Jesús y la vida plena del Resucitado, y precisamente en el nudo entre ambas, precisamente en el espacio de la tumba vacía, nace su fe.

María Magdalena

Apóstola de Cristo

(Lc 8; Jn 20; Mc 16)

Una mujer estupenda, con cabellos largos y facciones suaves... ¿No nos imaginamos siempre así a María Magdalena? La mayoría de las veces la representamos sensual, convencidos de que es la pecadora que lavó y perfumó los pies de Jesús, la anónima prostituta a la que «se le han perdonado sus muchos pecados» porque amó mucho (Lc 7,47). Pero no hay ninguna razón para creerlo. María es más bien una de las muchas mujeres galileas a las que Jesús ha curado; sabemos que de ella salieron siete demonios, pero nada nos hace entender que ninguno de ellos tuviera que ver con la lujuria. Liberada de los poderes demoníacos, se puso a seguir a Jesús junto a los Doce y a mucha otra gente.

Es una mujer fuerte, capaz de liderazgo: en el grupo de los discípulos y discípulas debe haber destacado por su carácter. Su nombre aparece en todos los Evangelios entre las mujeres que presenciaron la crucifixión: ella **estaba** ahí, sin duda, mucho más tenaz que Pedro. Y también la mañana del primer día después del sábado, en la tumba de Jesús, no hay duda de su presencia. Mucho más: es la primera en ir a la tumba. Según el Evangelio de Juan (que difiere de los demás) va hasta allí sin un objetivo, porque la unción del cadáver de Jesús con aceites perfumados ya se hizo el viernes en el momento de la sepultura. En el cuarto Evangelio María se dirige al sepulcro solamente para llorar al Maestro desaparecido.

En cuanto entra en el huerto se da cuenta de que la losa ha sido apartada, y corre enseguida a llamar a Simón Pedro y a otro discípulo: alguien ha debido llevarse el cuerpo. Los dos hombres corren al lugar de la sepultura, entran, ven las vendas, creen. Luego se van, dejando a María sentada sobre una roca, mirando la oscuridad de la tumba vacía. Allí, entre las lágrimas, María parece darse cuenta de algo. Se inclina para mirar mejor y ve a dos ángeles a un lado y al otro del sudario que fue de Jesús. «Mujer, ¿por qué lloras?», le preguntan. «Se han llevado a mi Señor y no sé dónde lo han puesto». Mientras dice estas palabras, se percata de que a poca distancia de allí hay un hombre. Debe ser el que cuida del huerto y, por tanto, piensa María, puede que haya visto qué ha sucedido en la tumba de Jesús. También él se acerca y le pregunta: «Mujer, ¿por qué lloras? ¿A quién buscas?», y ella, con esperanza, dice: «Señor, si te lo has llevado tú, dime dónde lo has puesto, y yo iré a recogerlo». «¡María!», exclama el hombre, como para llevarla de nuevo a la realidad, y **finalmente** la mujer lo reconoce: «¡Rabbuní!», ¡Maestro! Un momento de lucidez e intimidad atraviesa estas dos palabras, estos dos nombres. Luego Jesús añade: «Suéltame». Porque, efectivamente, hace poco, María quería recuperar su cuerpo, «ir a recogerlo...». Pero el Resucitado no está dispuesto a ser aferrado por nadie: ella misma lo experimentó cuando hablaba con el jardinero y el Maestro juntos. Pero ahora Jesús la envía a anunciarlo a sus hermanos, y así María se convierte en su apóstola.

Tabita

Discípulos y discípulas

(He 9)

En Jafa hay una discípula que se llama Tabita, un nombre hebreo que en griego suena extraño, insólito. Como el evangelista Lucas (autor también de los Hechos de los Apóstoles) escribe para cristianos y cristianas que hablan mucho mejor el griego que el hebreo, toma la precaución de especificar que Tabita quiere decir lo mismo que Gacela (mucho más familiar para los griegos). Para dar un ejemplo de nuestros días, sería un poco como decir que Daisy significa Margarita.

Tabita/Gacela es una persona buena, una mujer atenta a quien tiene a su alrededor, y da muchas limosnas. Pero, sobre todo, es una discípula, miembro de una de las primeras comunidades que se reunieron en torno al anuncio de la muerte y resurrección de Jesús. Un día Tabita enferma y muere poco después. Los discípulos que compartían la fe con ella se ocupan del cuidado del cadáver: lo lavan y lo llevan a la habitación superior de la casa.

Esos días una noticia agita la ciudad: el apóstol Pedro está en un lugar cercano, Lida, y ha hecho ya varias curaciones. Van entonces a llamarlo a toda prisa, y Pedro accede a seguirlos. Los discípulos lo conducen enseguida junto a las viudas que están llorando a su hermana. Este grupo de mujeres anónimas muestra al apóstol, en primer lugar, las labores de confección de la difunta, las túnicas y mantos que confeccionaba. Debe haber sido sastra, costurera, pero, en cualquier caso, las viudas la describen como una mujer que sabía hacer bien sus tareas, con gran profesionalidad.

Entonces Pedro las hace salir a todas de la habitación y se pone a orar de rodillas, a solas ante el cuerpo. Simplemente, un hombre delante de una mujer. Y finalmente dice: «Tabita, levántate». Ella abre los ojos despacio y se incorpora; el apóstol va enseguida junto a ella para ayudarla a levantarse. Le da la mano, la ayuda a ponerse en pie del todo y, sosteniéndola por ambos costados, llama a los demás y se la presenta de nuevo.

Tabita, Gacela: quién sabe con qué nombre se la ha devuelto a su comunidad. Pero Pedro la recordará seguramente con su nombre hebreo. No solo porque él también era hebreo, sino, sobre todo, porque habrá recordado aquella vez que Jesús estuvo en casa del jefe de la sinagoga, Jairo, y devolvió la vida a su hija llamándola en arameo, *talitha,* «muchacha» (cf Mc 5). El Maestro dijo: «Talitha, levántate». Pero hay un detalle importante que varía, y seguramente Pedro lo ha notado: no es ya el Maestro resucitando a una muchacha, sino que es un discípulo el que dirige a una discípula la misma invitación a la resurrección. En la Pascua es también así como funciona, desde Pedro y Tabita hasta las comunidades de hoy: discípulos y discípulas son invitados a sostenerse y a llamarse mutuamente a la vida plena.

María y Rode

Ni esclava ni libre

(He 12)

En torno al año 40 d.C. el rey de Judea se llama Herodes Agripa, nieto de aquel Herodes el Grande que reinaba cuando nació Jesús. El nuevo rey debe haber heredado de su abuelo una cierta irritabilidad, dado que, con él, los cristianos empiezan a estar en peligro: Herodes hace matar a Santiago, hermano de Juan, y ordena arrestar a Pedro... Es una época para tener miedo.

Mientras Pedro está en prisión –son los días de la Pascua– la comunidad cristiana ora incesantemente por él. Por la noche un ángel se aparece al apóstol y con un toque hace caer por tierra sus cadenas. Le invita a levantarse, a ponerse las sandalias y el manto y a seguirlo. Pedro cree estar soñando, obedece en un duermevela, sin tener una percepción real de lo que está sucediendo. Pasa el primer puesto de guardia, luego el segundo, y llega hasta la puerta de hierro que conduce a la ciudad. La puerta se abre sola y el ángel desaparece. Pedro vuelve en sí y se da cuenta de dónde se encuentra y de que su liberación es obra del Señor. Piensa qué hacer y decide que el mejor lugar al que dirigirse es la casa de María, madre de un tal Juan llamado Marcos (¡el evangelista!), que preside una pequeña comunidad cristiana en Jerusalén.

Los hermanos y hermanas reunidos en la casa de esa mujer están esperando la Pascua. Pedro llama a la puerta y una criada llamada Rode acerca la oreja a la puerta para saber de quién se trata... ¡Qué sobresalto! Rode no es una criada cualquiera: sabe cómo funciona la Iglesia de Cristo, y, sin duda, ha visto a Pedro muchas veces, porque reconoce inmediatamente su voz. Está tan nerviosa por ir a anunciarles a todos la llegada de aquel huésped especial, que se olvida de abrirle la puerta. «Estás loca», le dicen, «¡Pedro está en la cárcel!». Pero Rode insiste, y ellos tratan de explicar qué ha ocurrido: la criada debe haber tenido una visión, se le habrá aparecido «el ángel de Pedro». Entre tanto, Pedro sigue fuera, llamando a la puerta, entre preocupado y enfadado. Cuando finalmente se deciden

No hay esclava ni libre, ambas son hijas de Dios

a abrirle, se quedan atónitos. El apóstol entra haciendo señales de que guarden silencio, no quiere llamar la atención. Les cuenta su liberación y añade: «Decídselo también a Santiago y a los hermanos». Y luego, sorprendentemente, sale y se marcha.

En el centro de la escena hay dos mujeres: una dueña y una criada, una de ellas solo mencionada y otra cuya alegría se describe ampliamente; una que reúne a la comunidad en su casa y la otra que está tan familiarizada con ella que reconoce a Pedro por la voz. El Espíritu entremezcla las posiciones de poder: da nombre y buen oído a las siervas y convierte las casas de las amas en lugares decentes donde pasar la noche. Entre María y Rode «no hay ni esclava ni libre» (cf Gal 3,28), ambas son hijas de Dios y herederas de la promesa en Cristo Jesús.

Lidia

Mantenerse firme y dejar marchar

(He 16)

Filipos es una colonia romana en Macedonia. Pablo no tenía pensado llegar allí, pero su viaje sufre un desvío imprevisto: ahora es mejor deshacerse de los planes. De modo que él y Silas se aventuran por territorio europeo para llevar a cabo una nueva obra de evangelización. Por lo general su predicación comienza en la sinagoga, pero en Filipos no hay sinagoga. De ahí que el sábado salgan ambos por la puerta de la ciudad en busca de un lugar donde las personas se reúnan para la **oración**. Entre los orantes suele haber alguien que tiene curiosidad por Jesús; quien está en oración está siempre un poco «en búsqueda».

Cerca del río encuentran un grupo de mujeres; una de ellas se llama Lidia, es una comerciante de púrpura y es natural de Tiatira. La púrpura es un bien de lujo:

Lidia es, ciertamente, una mujer rica, que se ha trasladado a Filipos por negocios. Los apóstoles se dirigen a ella y a sus compañeras, anunciando el Evangelio. Lidia se conmueve con las palabras de Pablo, quiere convertirse en cristiana. Se lo dice a sus familiares y explica sus motivos con tanta convicción que en poco tiempo se bautizan ella y toda su familia. Pero Lidia hace todavía algo más: invita a los apóstoles a quedarse en su casa, e insiste tanto que los obliga a aceptar. Los obliga: el verbo griego significa concretamente ¡«usar la fuerza»! Es una mujer de gran determinación y autonomía: no dice que tenga que preguntar ni a su padre ni a su marido, y posiblemente no tenga ni uno ni otro. Su casa es lo bastante grande como para acoger a quien ella quiera, no necesita nada más.

Mientras son sus huéspedes, Pablo y Silas se encuentran en un aprieto: por haber hecho enojar a quien no debían, son golpeados con palos y metidos en la cárcel. Pero por la noche hay un terremoto, los jueces tienen miedo y dejan en **libertad** a los apóstoles. Pablo y Silas se dirigen de inmediato donde Lidia y encuentran junto a ella a muchos hermanos. En pocos días, pues, la casa de esta mujer rica y pertinaz se ha convertido en la casa de la comunidad cristiana de Filipos. Es el ambiente perfecto para quedarse en compañía, pero Pablo y Silas se despiden y parten hacia Tesalónica.

La casa de Lidia es una casa donde se va y viene, el primer puerto seguro en el que refugiarse, pero también el primero del que partir sin dilación cuando el Espíritu llama hacia otro lugar. Lidia es una mujer que se mantiene firme; la firmeza con la que ha retenido a Pablo y a Silas es la misma con la que hace de eje para toda la comunidad. Pero no es una mujer posesiva, también deja la puerta abierta a un vaivén de gente, con la libertad de vínculos que el Espíritu permite. El Señor se ha hecho conducir a su casa, como los apóstoles y la comunidad. Pero ninguno de los que están con ella le pertenecen, y menos aún Jesucristo. Mantenerse firme y dejar marchar: así se abre receptivamente a los vientos impetuosos del Espíritu.

La esclava poseída

Quien no está contra nosotros
está con nosotros

(He 16)

Hace poco Pablo y Silas han estado predicando en los alrededores de Filipos, en Macedonia. Son huéspedes de Lidia, una mujer adinerada que, tras su conversión, pasa a ser enseguida benefactora de la misión del Evangelio. Un día, mientras están caminando, oyen a una esclava que grita a sus espaldas: «Estos hombres son siervos del Dios altísimo, y os anuncian el camino de la salvación». La mujer estaba poseída por un espíritu de adivinación, y por eso sabía la verdad. Sus amos se aprovechaban de su don en su propio beneficio, pero de esta lucrativa actividad Pablo y Silas no sabían nada, o al menos eso parecía.

La anónima adivina se puso a seguirles movida por el espíritu que habitaba dentro de ella: un día, tras otro, tras otro, siempre gritando: «¡Estos hombres son siervos del Dios altísimo!». Seguramente no era agradable para Pablo y para Silas tener a una persona anunciándolos a gritos allá donde iban. Pero el espíritu de esta mujer, aunque era un espíritu pagano, no hacía daño ni a ella ni a nadie, al contrario, en este caso **beneficiaba** incluso a la causa del Evangelio. Nos vienen a la mente las palabras que Jesús pronunció aquella vez que los discípulos vieron a uno actuar en su nombre sin ser discípulo suyo. Querían impedírselo, pero él les reprendió: «No se lo impidáis […] El que no está en contra de nosotros está a nuestro favor» (Mc 9,39-40). Podría aplicarse esto mismo para la esclava que dice la verdad, pero Pablo no lo piensa. Poco después, cansado de oírla gritar, se dirige al espíritu que habla en ella y lo expulsa.

Las consecuencias políticas de su gesto de ira enseguida se ponen de manifiesto: los dueños de la esclava, que acaban de perder una fuente de ingresos, denuncian a Pablo ante las autoridades. Él y Silas son arrastrados a la plaza ante los líderes de la ciudad acusados de estar sembrando el desorden; los magistrados ordenan desvestirlos y golpearlos, y después arrojarlos a la cárcel. La esclava desaparece de la narración, silenciada, como el espíritu que la poseía.

La historia continúa sin ella: Pablo y Silas son salvados por un terremoto, convierten a sus guardias carceleros, regresan junto a la acaudalada Lidia que les daba alojamiento. De la anónima mujer que gritaba la verdad no vuelve a saberse nada. ¿Qué queda de ese «el que no está en contra de nosotros está a nuestro favor»? Quizá Pablo ha cometido el error de pensar que las personas no relevantes para la sociedad y la economía son también poco relevantes para el Evangelio. De manera que reservó grandes consideraciones para la acaudalada Lidia y ninguna para la esclava. Pero el Espíritu no es para unos pocos: es de todos, hasta tal punto que a veces sale de los límites de los «nuestros» y nos sale al encuentro desde fuera, desde aquellos a quienes no considerábamos capaces, o dignos, de anunciarnos (¡a nosotros, precisamente!) a Jesucristo. La fe también es esto: comprender lenguas de otros lugares que no son las nuestras, escuchar el Espíritu que habla con la voz de quien no esperábamos, captar la verdad que procede de fuera.

Priscila

Contra la costumbre

(He 18; Rom 16; 1Cor 16; 2Tim 4)

En Asia Menor (hoy Turquía) está una de las ciudades más multiculturales y caóticas del Imperio romano: Éfeso, un clásico puerto marítimo. Aquí, como en otros lugares, tras la experiencia de Jesucristo, nace una comunidad cristiana que se reúne cada domingo en casa de una pareja de comerciantes, Priscila y Áquila. Son dos buenos anfitriones, con muchas historias que contar: han vivido en Italia (en Roma) y en Grecia (en Corinto), y saben cómo funciona la vida. Por otro lado, son comerciantes: tienen ciertos recursos económicos y están acostumbrados a desplazarse. En concreto, son fabricantes de tiendas, es decir, desarrollan el mismo oficio que el apóstol Pablo. A él lo conocen bien. Ha vivido con ellos durante un año y medio, en Grecia, y para agradecerles su hospitalidad él les ayudaba en su actividad. Vivir y trabajar juntos les ha unido mucho; el apóstol recuerda a la pareja con mucho afecto y estima. Han sido sus «colaboradores en Cristo Jesús», y no solo por haberles echado una mano: han compartido con él, precisamente, la responsabilidad del apostolado, primero en Corinto y después en Éfeso, donde sus caminos se separaron.

Priscila y Áquila son ese tipo de personas que le gustan a Pablo: pragmáticas, «expertas en fronteras», capaces de tejer redes entre quienes están a su alrededor. No tienen miedo de abrir las puertas de su casa a nadie. Y además son personas sinceras.

Por ejemplo, un día en la sinagoga escuchan a un judío elocuente, un tal Apolo, que se refiere a Jesús mientras predica. Marido y mujer lo escuchan y luego lo llevan aparte y le explican «con mayor exactitud el camino de Dios». Es decir, se ponen a impartir catequesis: ellos, simples trabajadores, a él, estudioso de las Escrituras. Debían tener buen temperamento... Pero de Áquila casi podría esperarse algo así, pues tiene la iniciativa de un hombre de mundo, de un comerciante.

En cambio, en Priscila, el anuncio del Evangelio impacta más, desestabiliza: es una mujer descarada que se atreve a instruir a un hombre culto. Una apóstola. Comparte el carisma con su esposo, pero es ella quien destaca, en la libertad que le ofrece el Espíritu. De ahí que cuando el evangelista Lucas habla sobre ella en los Hechos de los Apóstoles, los nombra siempre así: primero a Priscila, y luego a Áquila. Y también Pablo, cuando Silas y él se trasladen de nuevo a Roma (donde también reúnen a una comunidad cristiana en su casa), mandará sus saludos a «Priscila y Áquila». A nosotros nos ha quedado la costumbre de decir «Aquila y Priscilla», es decir, primero a él y luego a ella, restableciendo así el orden que nos es más familiar. Pero es una inclinación a la que hay que prestar atención: la costumbre corre el riesgo de relegar a un segundo plano la novedad del Espíritu, junto a los nombres de las mujeres.

> Una mujer que se atreve a instruir a un hombre culto.

Las hijas de Felipe

Vuestras hijas profetizarán

(He 21)

Cesarea Marítima, un día entero. Imaginamos a Pablo y a Silas sentados cada uno sobre una silla, hay unos bultos en el suelo y una jarra de agua fresca sobre la mesa. Una tercera silla está ocupada por Felipe, el dueño de la casa y su anfitrión. Los dos apóstoles han llegado de un largo viaje que les ha llevado, por orden, a las islas griegas de Cos y Rodas, Pátara (actual sur de Turquía) y las ciudades judías de Tiro y Tolemaida. Se permitieron pocos descansos, había siempre mucho que hacer, cuentan suspirando. Felipe los escucha con gusto. Es «uno de los Siete» que han sido ordenados diáconos para las Iglesias de lengua griega (cf He 6,1-7) y se le llama «el evangelista» probablemente porque es un extraordinario evangelizador, además de un famoso médico.

Pablo y Silas tienen la intención de alojarse con él brevemente: unos días después serán ya huéspedes de otro hermano, y luego partirán hacia Jerusalén. Pero entre tanto disfrutan de la casa, de un rostro amigo, de una familia. Porque Felipe tiene cuatro hijas solteras que tienen el don de la profecía.

No sabemos nada más de ellas, ni su nombre ni su edad. Aparecen fugazmente en escena, y no habría ningún motivo para mencionarlas... Pero su mención resulta muy curiosa, es una verosímil perspectiva histórica de la antigua Iglesia de Cesarea. En las misteriosas figuras de estas cuatro profetisas se observa la libertad y la autoridad que se reconocía a diferentes mujeres en las primeras comunidades cristianas. El simple hecho de que sean solteras es señal de una cierta emancipación (en el marco del Evangelio): según los convencionalismos de la época debían estar escrupulosamente casadas; no hay ninguna alternativa al matrimonio. Decidir no casarse, como parece que han hecho las cuatro hermanas, es, pues, una valiente desvinculación de las expectativas sociales. Si estas mujeres se han negado a no comprometerse con las normas culturales que debían marcar su destino, lo han hecho por fe: el Espíritu es cada vez más creativo.

Sobre la manera en que las hijas de Felipe ejercían su carisma hay un velo de sombras, no hay ninguna pista. Sin embargo, su presencia en la comunidad cristiana nos hace recordar las palabras que Pedro pronunció el día de Pentecostés ante el asombro de la multitud que escuchaba a los apóstoles hablar en distintas lenguas: «Lo que pasa es que se está cumpliendo lo que dijo el profeta Joel: [...] Vuestros hijos y vuestras hijas profetizarán [...], vuestros jóvenes tendrán visiones» (He 2,16-17). A siglos de distancia de María, hermana de Moisés, y de las demás profetisas del Antiguo Testamento, Pentecostés devuelve a mujeres y hombres, sin discriminación de género, el «poder de expresarse», señal del cumplimiento de la promesa.

Febe

Hermana, diaconisa, protectora

(Rom 16)

Acaba de llegar a Roma una carta de Pablo. La comunidad cristiana está a la expectativa, se reúnen a escuchar su contenido en casa de algún hermano o hermana. Una persona se adelanta para leerla en voz alta y los demás escuchan atentos cada palabra de aliento, de consejo, de elevada teología. Al final están las líneas de los saludos, que comienzan así: «Os recomiendo a Febe, nuestra hermana, que es diaconisa de la iglesia de Céncreas, para que la recibáis bien en nombre del Señor, como se debe hacer entre los creyentes, y la ayudéis en todo lo que necesite, porque también ella ha ayudado a muchos, y en particular a mí».

Es fácil imaginar las miradas de todos los presentes dirigiéndose instintivamente en dirección de Febe, y sonreírle. Ha llegado a Roma hace poco tiempo, y quizá ha sido precisamente ella quien ha llevado la carta de Pablo. Ahora la comunidad cristiana de Roma recibe esta extensa y afectuosa presentación que se hace de ella, a quien el apóstol llama hermana, diaconisa, protectora. Hermana, sí: en virtud del **bautismo** todos y todas son hijos de Dios en Cristo Jesús, y no hay ya ninguna discriminación que valga. Tal como Pablo escribe en otro lugar: «No hay judío ni griego, no hay esclavo ni libre, no hay hombre ni mujer, pues todos vosotros sois uno en Cristo Jesús» (Gal 3,28); los miembros de la comunidad no son ya extraños los unos a los otros.

Febe y Pablo posiblemente se conocieron en Céncreas, una pequeña ciudad marítima, sede de uno de los puertos de Corinto. Pablo pasó por allí en compañía de Priscila y Áquila, mujer y marido colaboradores suyos (mencionados en Hechos 18). Febe estuvo durante muchos años «al servicio» de la Iglesia surgida en aquella sede... «Al servicio» es solo otra manera de traducir la palabra griega *diakonos,* diaconisa.

Con frecuencia su servicio fue el de proteger a quienes se encontraban en peligro, y Pablo se encontraba entre ellos. En efecto, Pablo la define también como protectora (¡la única en todo el Nuevo Testamento!), y recuerda así a los abogados-protectores que en Atenas defendían a los extranjeros. Para merecer esta comparación, Febe debe haber presidido la comunidad de Céncreas con una particular atención a los más débiles. Seguramente puso medios económicos para hacerlo, y tuvo una cierta mano para conseguir influir en las autoridades civiles. Sin embargo, el título de diaconisa no indica únicamente que se ocupa de la asistencia social y de actividades caritativas, sino que incluye también el anuncio del Evangelio, sobre todo, el estar «al servicio» de la Palabra. De ahí que no sea extraño que Febe haya llegado a Roma, como **misionera** de Grecia. Desde el comienzo, los cristianos y cristianas se desplazaban mucho, tratando de evitar los provincianismos y las cerrazones. Cada cual con su propio carisma, no olvidaban nunca la necesidad de ser testigos hasta los confines de la tierra (cf He 1,8) y la promesa de que el Resucitado irá delante de ellos allá donde vayan (cf Mc 16,7). Están «al servicio» del Espíritu, y el Espíritu sopla donde quiere.

Junia

Nombre de mujer

(Rom 16)

Cada vez que Pablo envía una carta a una comunidad cristiana –a Roma, Éfeso, Corinto, Filipos, Tesalónica– tiene cuidado de dedicar las últimas líneas a las *relaciones públicas:* felicitaciones, recomendaciones, y una amplia red de saludos dirigidos a personas que ha conocido en sus viajes. Entre las personas que saluda hay, sin duda, hijos e hijas espirituales a los que él ha convertido y acompañado. Otros son hermanos y hermanas como él, como sus queridos Priscila y Áquila, «colaboradores en Cristo Jesús»: mujer y marido a quienes conoció en Grecia y a quienes nunca olvidó. Hay otros también que son padres y madres en la fe, más expertos que él en el seguimiento de Cristo, al menos por «antigüedad en el servicio». Es el caso de Andrónico y Junia: «Paisanos míos y compañeros de cárcel, que se han distinguido en el apostolado, y que fueron creyentes en Cristo antes que yo».

Sus nombres aparecen solo una vez en todo el Nuevo Testamento, pero Pablo habla de ellos como de gente importante. ¿Quiénes son? Probablemente hebreos (Pablo dice «paisanos» en el sentido de «pertenecientes a la misma estirpe»), y, sin duda, discípulos de primera hora. Quizá conocieron personalmente a Jesús, y tras su muerte y resurrección se trasladaron a Italia como misioneros. Por el Evangelio afrontaron también la prisión, y allí es donde debieron haber conocido a Pablo. Compartir cadenas selló en ellos vínculos de apostolado. Así, el viejo amigo les ordena ahora saludarles en calidad de «insignes apóstoles» de la Iglesia de Roma: igual que Priscila y Áquila, también Andrónico y Junia son esposos al servicio de la comunidad, otra familia hospitalaria.

La autoridad para anunciar el Evangelio pertenece a hombres y mujeres.

Todo lo que se dice de ellos como pareja (discípulos de primera hora, encarcelados por la fe, apóstoles) vale también para Junia para ella sola, pero en su condición de mujer la novedad del Evangelio causa una mayor impresión. Tanto es así que, para evitar la incomodidad de que a una mujer se la llame explícitamente «apóstola», algún comentarista dijo que era un error de interpretación y que con Andrónico estaba un hermano varón, Junias. Corrección hecha sobre temores infundados: Pablo comprende el apostolado más allá del grupo de los Doce. La autoridad para anunciar el Evangelio pertenece a hombres y mujeres indistintamente. También los antiguos autores cristianos se referían a Junia sin poner en duda su sexo femenino. Juan Crisóstomo (siglos IV-V) le rinde homenaje de la siguiente manera: «¡Cuál debía ser la "filosofía" de esta mujer que la hacía digna del apelativo de los apóstoles!». No hay duda, el nombre exacto es femenino: Junia. El Señor la hizo apóstola con este nombre, que porta consigo una historia, una geografía y un género. Se cierra al Espíritu quien se apresura a ver los nombres según sus propias expectativas, y oculta los nombres de las mujeres.

Trifena, Trifosa y Pérsida

Trabajar

(Rom 16)

Hablar de trabajo implica hablar del cuerpo: músculos en tensión, pesadez en las piernas, presión arterial baja y piel bronceada bajo el sol. No hay nada más familiar que un cuerpo que, para vivir, trabaja. Así encontramos a tres mujeres de la comunidad cristiana de Roma: Trifena, Trifosa y Pérsida, a quienes Pablo recuerda de pasada, con una sola frase de saludo: «Saludad a Trifena y a Trifosa, que trabajan en la obra del Señor. Saludad a la querida Pérsida, que tanto ha trabajado en la obra del Señor».

El trabajo de estas mujeres es el mismo al que se refiere Pablo en otro lugar al hablar del fatigoso trabajo de predicación: estas tres hermanas suyas se cuentan entre quienes merecen mucho respeto y consideración por su trabajo (cf 1Tes 5,13), mujeres que ostentan un cargo respetable en su Iglesia. «Trabajar» es uno de esos verbos extraños, igual que «servir», ambos relacionados, para los primeros cristianos, con el testimonio y con el reconocimiento.

Por eso es curioso que el nombre de Trifena y Trifosa se atribuyan frecuentemente a esclavas o libertas (una liberta es una esclava liberada), y también Pérsida es un nombre que sugiere un estrato social bajo. Pero Pablo las nombra junto a ricas comerciantes como Febe, Priscila y Junia, no menos diligentes en sus oficios, pero más habituadas a una vida estable económicamente. En el Señor todo cuerpo y toda historia es igual de valioso, pero sin perder su singularidad ni confundirse entre la multitud. Trifena, Trifosa y Pérsida portan consigo, en la vida cristiana y en su misión evangélica, un nombre que indica orígenes humildes. Mujeres del pueblo, expertas en vida común. Quizá por eso se las recuerde juntas, Trifena y Trifosa, y además como una pareja apostólica, de igual modo que Pablo y Bernabé, Priscila y Áquila. Las dos hermanas han compartido el trabajo de anunciar el Evangelio, sin romanticismos, han puesto en común el malestar que a cada una provoca el cuerpo de la otra… porque no es agradable estar codo con codo con el sudor y la fiebre, con la sangre menstrual y la suciedad de los cabellos.

Trabajar juntos tiene sus desventajas, y esto es algo que saben bien los santos y santas que han «trabajado por el Señor» dedicando cuerpo, sangre y corazón, un día tras otro. Los que «trabajan», son capaces de conmoverse sin ingenuidad.

Evodia y Síntique

Mirarse a la cara

(Flp 4)

En la comunidad cristiana de Filipos hay alguien que está leyendo en voz alta una carta de Pablo. Un grupo más bien numeroso escucha, y entre los miembros de la comunidad están también Evodia y Síntique. Hacia el final de la carta escuchan sus nombres; Pablo ha escrito: «Ruego a Evodia y Síntique que tengan unos mismos sentimientos en el Señor». Ningún hermano parece sorprenderse, es un asunto habitual: dos misioneras del Evangelio tienen un problema que resolver.

No es el típico *cliché* (tan falso como lamentable) de que las mujeres están siempre peleadas y enfrentándose unas a otras. También Pedro y Pablo, a quienes además se recuerda juntos en la liturgia, discutieron mucho sobre ciertas cuestiones clave del primer cristianismo. Lo cierto es que trabajar **juntos** no es nunca fácil. Evodia y Síntique se agregan a la lista de los discípulos y discípulas que en los Hechos y en las cartas apostólicas aparecen con la intención de «trabajar en equipo». La evangelización se lleva a cabo a través de la misión de parejas o tríos que se desplazan de un lugar a otro del Mediterráneo compartiendo caminos, objetivos y también acaloradas discusiones. No escandaliza leer sobre las fricciones existentes entre estas dos mujeres.

Lo que sigue siendo un misterio es si la cuestión tiene que ver con la comunidad cristiana o se trata de un asunto personal, pero también en este segundo caso Pablo debe haber pensado que las consecuencias podían afectar a todo el grupo de cristianos y por eso ha decidido incluir la amonestación en la carta que dirige a todos. Sea como sea, al apóstol le interesa que la tensión no pase desapercibida entre los hermanos y hermanas, porque ruega a su leal compañero que se convierta en mediador y preste «ayuda a estas, que han trabajado mucho por el Evangelio conmigo y con Clemente y demás colaboradores míos».

Así, descubrimos que se trata de dos mujeres importantes dentro de la Iglesia de Filipos. El apóstol Pablo las tiene en alta consideración, las conoce bien y desde hace tiempo. No son dos jóvenes que estén peleando por bobadas, son dos mujeres adultas que probablemente estén discutiendo sobre cuestiones serias de la vida, y, por tanto, de la fe. Como observa la teóloga Elisabeth Schüssler Fiorenza, el apóstol está preocupado: «Considera tan alta la autoridad de estas dos mujeres en la comunidad de Filipos que teme que su **desacuerdo** pueda causar serios daños a la misión cristiana».

Pero precisamente en ese desafío que deben afrontar es donde Pablo ve la esencia del cristianismo: tener «unos mismos sentimientos en el Señor», «llevarse bien en el Señor». No es una petición superficial: el verbo griego quiere decir «reconocerse, ver al otro, entenderse». Cuando el apóstol anima a Evodia y Síntique a ponerse de acuerdo les está pidiendo que se miren a la cara. Una invitación que puede aplicarse en cualquier contexto... Quizá Evodia y Síntique no estuvieran discutiendo, quizá una de ellas tenía dificultades económicas y la otra era adinerada: ¿no sería el llamamiento de Pablo igual de importante? «¡Miraos a la cara en el Señor!».

Haya o no un problema que solucionar, la invitación sigue siendo actual para todo cristiano o cristiana que en su Iglesia sepa por propia experiencia el esfuerzo que supone el trabajo en equipo. Desde la muerte-resurrección de Cristo hasta hoy, el desafío consiste en aprender a no ignorarse y a no ponerse por encima de los demás, sino a mirarse a la cara y reconocerse en el Señor.

La mujer vestida de sol

Fin y principio

(Ap 12)

Entre las diferentes representaciones de María, madre de Jesús, una la presenta coronada de estrellas. La diadema es la señal de la Asunción: la tradición lo toma de un relato del Apocalipsis... que, sin embargo, no habla exactamente de ella. En este libro el evangelista Juan tiene muchas visiones, entre ellas la «gran señal» de una mujer vestida de sol que tiene la luna bajo sus pies y en la cabeza una corona de doce estrellas. Es una mujer sin nombre, que está encinta y que podría ser Eva, madre de la humanidad, o la personificación de Israel que generó el Mesías, o la Iglesia que da nueva vida al Señor celebrándolo en su propio seno. Sí, los cristianos siempre han visto en ella a María, y hoy se lee este fragmento del Apocalipsis en la liturgia de cada 15 de agosto. Pero la mujer vestida de sol es todas y ninguna de ellas.

Lo que sí es cierto es que la anónima señora no es una reina serena, que permanece en pie, sonriente, como las estatuas en las iglesias, sino más bien grita por los dolores de parto. Es una mujer desnuda y resplandeciente que se retuerce por los dolores de parto, primero doblando las rodillas y sosteniendo su vientre, luego tumbándose y separando las piernas mientras contrae sus músculos y su respiración. Un dragón se ha puesto delante de ella, preparado para devorar a su hijo, pero en cuanto el niño ve la luz es arrebatado hacia Dios, lejos de ella. La mujer, por su parte, se levanta con esfuerzo y huye al desierto, donde Dios le ha preparado un refugio. Una vez que está a salvo, en el cielo se desencadena una batalla entre los ángeles y la monstruosa serpiente. De la parturienta no se sabe nada más. Por tanto, lo que Juan ha visto no es simplemente la aparición de una figura inerte como en una fotografía, sino toda la traumática escena del parto, que se ha vuelto todavía más peligroso por las condiciones externas: el dragón, la huida al desierto, la guerra inminente.

La «gran señal» no es la mujer en sí, sino lo que le sucede: se le arrebata su hijo recién nacido, Dios le prepara un refugio. Mientras los acontecimientos se suceden, la mujer del Apocalipsis no brilla con luz propia…

brilla con el Sol. No es ella la que está en el centro, sino el hijo varón, «destinado a regir a todas las naciones» y el Dios que le garantiza su salvación en el desierto.

La «gran señal» no es la mujer en sí, sino lo que le sucede. Si la plasmáramos en una fotografía, la mujer del Apocalipsis se convertiría en una no-mujer: desnuda, en silencio, que de pronto desaparece para dejar espacio a los demás. Pero ni María ni las numerosas mujeres que aparecen en la Escritura se corresponden con esta descripción, aunque suelen tener autoridad y voluntad. Al contrario, hay que mirar toda la visión en su complejidad; en ella lo importante es el complicado parto, que no acaba cuando acaba (primero los dolores, luego la amenaza, luego el niño arrebatado, luego la huida). Nos encontramos en las últimas páginas de la Biblia: fin, inicio y revelación («apocalipsis», precisamente) coinciden. Coinciden contracciones y vida. Muerte y resurrección.

Breve bibliografía

A continuación, hay textos de diferente naturaleza: análisis sobre figuras particulares o recopilación de varios personajes bíblicos seleccionados según diferentes criterios. Algunos son comentarios, otros son meditaciones bíblicas, y suelen estar redactados con una perspectiva explícita de género.

Aunque hay textos referidos solo al Antiguo Testamento o solo al Nuevo (y a veces específicos de un solo libro bíblico), no nos parece relevante hacer aquí una distinción muy clara, pues muchos de ellos quedarían en los márgenes. Lo mismo puede aplicarse para la división entre obras científicas y divulgativas: los temas y los estilos se superponen y se mezclan.

Finalmente añadimos que no todo lo que ha concurrido para la redacción de estas páginas puede citarse en forma de libro. Entre los aportes más valiosos está, indudablemente, la experiencia en la Coordinación de Teólogas Italianas.

ALETTI, JEAN-NOEL, *La lettera ai Romani. Chiavi di lettura,* Borla, Roma 2011.

BARTOLOMEI, MARIA CRISTINA ET AL., *Le donne dicono Dio. Quale Dio dicono le donne? E Dio dice le donne?,* Paoline, Milán 1995.

BORGONOVO, GIANANTONIO (ed.), *Torah e storiografie dell'Antico Testamento,* Elledici, Leumann (Turín) 2012.

CALDUCH-BENAGES, NURIA (ed.), *Mujeres de los evangelios,* PPC, Madrid 2021; *Mujeres de la Biblia,* PPC, Madrid 2018; *San Pablo y las mujeres,* PPC, Madrid 2022.

CRIMELLA, MATTEO, *Marta, Marta! Quattro esempi di «triangolo drammatico» nel «grande viaggio di Luca»,* Cittadella, Asís (PG) 2009.

D'ANGELO, CRISTIANO, *Il libro di Rut. La forza delle donne. Commento teologico e letterario,* EDB, Bolonia 2004; *Davide e Mical: studio sulla redazione e la teologia di 1-2 Samuele,* Cittadella, Asís (Perugia) 2019.

FISCHER IRMTRAUD - NAVARRO PUERTO MERCEDES (eds.), *La Biblia y las mujeres* I: *La Torá,* Verbo Divino, Estella 2010.

FRANCISCO, *Discurso* en ocasión de la Ceremonia de clausura del Encuentro de oración por la paz organizado por la comunidad de Sant'Egidio: «Pueblos hermanos, tierra futura. Religiones y culturas en diálogo», Roma, 7 de octubre de 2021.

GREEN, ELIZABETH, *Dal silenzio alla parola. Storie di donne nella Bibbia,* Claudiana, Turín 1992; *Il Vangelo secondo Paolo. Spunti per una lettura al femminile (e non solo),* Claudiana, Turín 2009.

LO PORTO, GIULIA, *Agar. «Ho visto il vivente che mi vede»,* San Paolo, Cinisello Balsamo (MI) 2022.

LUCIANI, DIDIER - NOEL, DAMIEN, *Sansone, racconto e storia: letture di Giudici 13-16,* EDB, Bolonia 2015.

MARGUERAT, DANIEL, *Gli Atti degli Apostoli 1 (At 1-12),* EDB, Bolonia 2011; *Gli Atti degli Apostoli 2 (At 13-28),* EDB, Bolonia 2015; *Il punto di vista. Sguardo e prospettiva nei racconti dei Vangeli,* EDB, Bolonia 2015.

MORRA, STELLA, *Il regno di Dio è dei violenti? Meditazioni bibliche da Abele al Drago,* Effata, Cantalupa (Turín) 2004; *Questioni di potere. Meditazioni bibliche da Mosè all'Agnello,* Effata, Cantalupa (Turín)

2007; *Dalle periferie un altro sguardo. Meditazioni bibliche a partire dalla debolezza,* Effata, Cantalupa (Turín) 2015.

MURPHY-O'CONNOR, JEROME – MILITELLO, CETTINA – RIGATO, MARIA LUISA, *Paolo e le donne,* Cittadella, Asís (Perugia) 2006.

NAVARRO PUERTO, MERCEDES – PERRONI, MARINELLA (eds.), *Los evangelios, narraciones e historia,* Verbo Divino, Estella, 2011.

NEWSOM, CAROL A. – RINGE, SHARON H. (ed.), *La Bibbia delle donne* I: *Da Genesi a Neemia,* Claudiana, Turín 1996; *La Bibbia delle donne* II: *Da Ester ai Deuterocanonici,* Claudiana, Turín 1998; *La Bibbia delle donne* III: *Le Scritture apostoliche,* Claudiana, Turín 1999.

PARMENTIER, ELISABETH – DAVIAU, PIERRETTE – SAVOY, LAURIANE, *La Bibbia delle donne. Venti teologhe rileggono i passi controversi dei testi sacri,* Piemme, Milán 2020.

PENNA, ROMANO, *Lettera ai Filippesi - Lettera a Filemone,* Citta Nuova, Roma 2002.

PERRONI, MARINELLA, *Corpo a corpo. La Bibbia e le donne,* Effata, Cantalupa (Turín) 2015; *Le donne di*

Galilea. Presenze femminili nella prima comunità cristiana, EDB, Bolonia 2015; *Marta di Betania. «Io credo, Signore»,* San Paolo, Cinisello Balsamo (MI) 2020.

PERRONI MARINELLA - SIMONELLI CRISTINA, *Maria di Màgdala. Una genealogia apostolica,* Aracne, Ariccia (RM) 2016.

SCAIOLA, DONATELLA, *Attorno alla profezia. Alcune sorprendenti figure,* Cittadella, Asís (Perugia) 2012.

SCHUSSLER FIORENZA, ELISABETH, *En memoria de ella. Una reconstrucción teológico-feminista de los orígenes del cristianismo,* Desclée de Brouwer, Bilbao 1989.

SIMONELLI, CRISTINA, *Eva, la prima donna. Storia e storie,* il Mulino, Bolonia 2021.

SKA, JEAN-LOUIS, *La biblica Cenerentola. Generosità e cittadinanza nel libro di Rut,* EDB, Bolonia 2013.

VALERIO, ADRIANA, *Donne e Bibbia. Storia ed esegesi,* EDB, Bolonia 2006; *Le ribelli di Dio. Donne e Bibbia tra mito e storia,* Feltrinelli, Milán 2014.

VIGNOLO, ROBERTO, *«Ho visto il Signore!». Il Risorto e Maria Maddalena,* Ancora, Milán 2010.

WÉNIN, ANDRÉ, *Da Adamo ad Abramo o l'errare dell'uomo. Lettura narrativa e antropologica della Genesi,* EDB, Bolonia 2008; *Le roi, le prophète et la femme,* Bayard, París 2015; *Scacco al re. L'arte di raccontare la violenza nel libro dei Giudici,* EDB, Bolonia 2015.

WÉNIN, ANDRÉ - FOCANT, CAMILLE, *Mujeres de la Biblia,* Claret, Barcelona, 2008.

Índice